LA
STÈLE DE DHIBAN

OU

STÈLE DE MESA

ROI DE MOAB

896 avant J. C.

LETTRES A M. LE Cᵗᵉ DE VOGÜÉ

PAR

CH. CLERMONT-GANNEAU

DROGMAN-CHANCELIER DU CONSULAT DE FRANCE A JÉRUSALEM

PARIS

LIBRAIRIE POLYTECHNIQUE | LIBRAIRIE ACADÉMIQUE
J. BAUDRY, éditeur | DIDIER et Cᵉ
RUE DES SAINTS-PÈRES, 15 | QUAI DES AUGUSTINS, 35

1870

STÈLE DE DHIBAN

OU

STÈLE DE MESA

ROI DE MOAB

896 avant J. C.

LETTRES A M. LE Cⁱᵉ DE VOGUÉ

PAR

CH. CLERMONT-GANNEAU

DROGMAN-CHANCELIER DU CONSULAT DE FRANCE A JÉRUSALEM

PARIS

LIBRAIRIE POLYTECHNIQUE | LIBRAIRIE ACADÉMIQUE
J. BAUDRY, éditeur | DIDIER et Cⁱᵉ
RUE DES SAINTS-PÈRES, 15 | QUAI DES AUGUSTINS, 35

1870

AVERTISSEMENT

En publiant à part les lettres que j'ai reçues de M. Ganneau et que j'ai insérées dans la *Revue archéologique*, je leur fais subir quelques-modifications dont je dois compte au lecteur.

M. Ganneau est attaché au consulat de France à Jérusalem : les fonctions qu'il y remplit sont multiples, et ne lui permettent pas toujours de se livrer à des travaux scientifiques : l'hiver dernier, particulièrement, de nombreux naufrages l'ont appelé sur la côte et l'ont obligé à de longs séjours à Gaza, à Jaffa, sur le théâtre des sinistres qui ont frappé la marine française. Sa correspondance s'est ressentie de cette situation : elle a été souvent interrompue : d'autre part les convenances particulières de la *Revue* ne lui ont pas toujours permis d'insérer les lettres au moment de leur arrivée. Pendant ces intervalles forcés, M. Ganneau recevait toujours de nouveaux documents : ou bien c'était un fragment de la pierre originale qu'il parvenait à se procurer après de longues et onéreuses négociations, ou bien c'était un mot nouveau qu'il lisait sur ses estampages, une correction heureuse qu'il apportait à ses précédentes lectures : de tout cela il est résulté que la fin de ses lettres n'était pas toujours d'accord avec le commencement : sur beaucoup de points le commentaire a modifié les premières traductions. J'ai donc cru devoir introduire dans la transcription et dans la traduction primitives de M. Ganneau, tous les changements que renferme son commentaire : j'ai également corrigé l'esquisse d'après ses indications.

La planche, la transcription et la traduction placées en tête de cette brochure représentent donc, à l'heure où j'écris, l'état du déchiffrement et l'opinion de M. Ganneau sur la lecture et le sens de l'inscription. Quant au texte même des commentaires, je n'y ai rien changé : j'ai coordonné les notes que je recevais, sans me croire le droit de les modifier en rien, quand même j'aurais différé d'avis avec l'auteur soit au point de vue de l'interprétation, soit au point de vue des conclusions historiques ou exégétiques.

Ce travail est loin d'être définitif; pour faire connaître le sentiment de l'auteur lui-même à cet égard, il me suffira de transcrire les lignes suivantes qu'il m'écrivait il y a un mois.

« Je dois réclamer l'indulgence des savants pour cette rapide
« étude sur un monument aussi important : elle contient certai-
« nement beaucoup de lacunes, d'erreurs et même de contradic-
« tions, pour lesquelles je passe d'avance condamnation : mon
« excuse sera dans l'empressement que j'ai cru devoir mettre à
« publier un texte d'une pareille valeur. Ce mémoire, fait au loin,
« par fragments, dans des conditions très-défavorables, se ressent
« nécessairement du travail fiévreux et intermittent qui l'a pro-
« duit. Je le livre tel quel, comme une matière première et brute,
« à ceux qui ont ce qui me manque : la science, les livres et le
« temps : ils en tireront des résultats définitifs. Moi-même, dans
« la limite des loisirs et des moyens dont je dispose ici, je me
« propose de revenir dans la suite sur ce texte, et probablement
« aurai-je beaucoup à modifier des conclusions que je donne au-
« jourd'hui sous réserves. »

Cette modestie ajoute encore à la sympathie qu'inspirent le jeune auteur, sa science réelle, et la persévérance avec laquelle, malgré de nombreuses occupations, il travaille au développement et aux progrès de l'épigraphie sémitique.

M. DE VOGÜÉ.

Paris, 15 juin 1870.

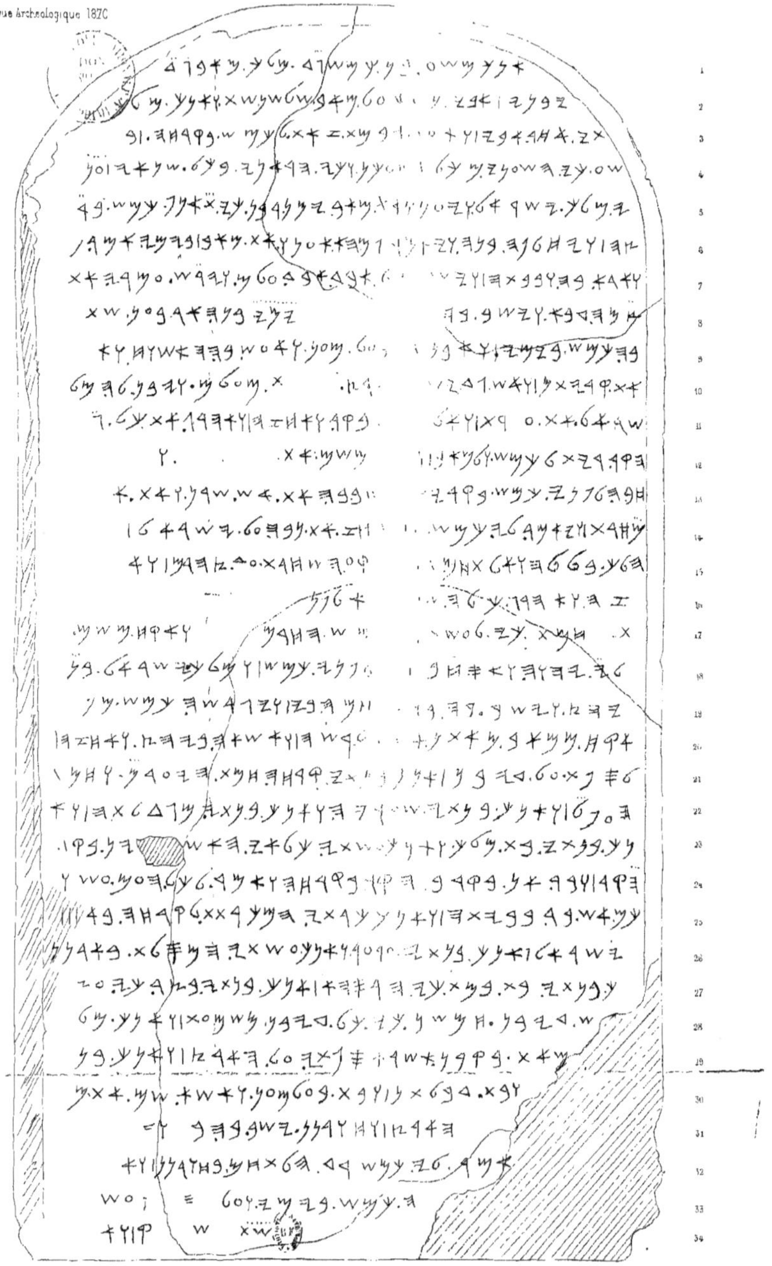

STÈLE DE DHIBÀN

3me reproduction de l'original

NB Les lettres surmontées de points sont d'une lecture douteuse

LA

STÈLE DE DHIBAN

TRANSCRIPTION.

אנך·משע·בן·כמש[גד]·מלך·מאב·[הד] 1

יבני | אבי·מלך·על·מאב·שלשן·שת·ואנך·מלכ 2

תי·אחר·אבי | ואעש·הבמת·זאת·לכמש·בקרחה | ב[מח·מ] 3

שע·כי·השעני·מכל·השלכן·וכי·הראני·בכל·שנאי | ע[מר] 4

י·מלך·ישראל·ויענו·את·מאב·ימן·רבן·כי·יאנף·כמש·ב[אר] 5

צה | ויחלפה·בנה·ויאמר·גם·הא·אענו·את·מאב | בימי·אמר·[.] 6

וארא·בה·ובבתה | וישראל·אבד·אבד·עלם·וירש·עמרי·את[אר] 7

ץ·מה·דבא | וישב·בה ימי·בנה·ארבען·שת 8

בה·כמש·בימי | ואבן·את·בעל·מען·ואעש·בה·האשוח·וא[בן] 9

את·קריתן | ואש·גד·ישב·בארץ·[עטר]ה·מעלם·ויבן·לה·מלך·י[י] 10

שראל·את·ע[ט]רת | ואלתחם·בקר·ואחזה·ואהרג·את·כל·ג[וי] 11

הקר·ריח·לכמש·ולמאב | ואשב·משם·את וא[ס] 12

חב·ה·לפני·כמש·בקריה | ואשב·בה·את·אש·שרן·ואה·א[ש] 13

מחרת | ויאמר·לי·כמש·לך·אחז·את·נבה·על·ישראל | [וא] 14

הלך·בללה·ואלתחם·בה·מבקע·השחרת·עד·הצהרם | ואח[ז] 15

ה·ואהרג·כלה·שבעת·אלפי 16

17   ח·[ור]חמת·כי·לעשתר·כמש·התרם·   ואקח משב·[·כ־]

18   לי·יהוה·ואסחב·הם·לפני·כמש | ומלך·ישראל·ב[נה·את]

19   יהץ·וישב·בה·בהלתחמה·בי | ויגרשה·כמש·מפ[ניה | ו־]

20   אקח·ממאב·מאחן·אש·כל·רשה | ואשאה·ביהץ·ואחזה

21   לספת·על·דיבן | אנך·בנתי·קרחה·חמת·היערן·וחמ[ת]

22   העפל | ואנך·בנתי·שעריה·ואנך·בנתי·מגדלתה | וא־

23   נך·בנתי·בת·מלך | ואנך·עשתי·כלאי·האש   יך·בק[רב·ה־]

24   קר | ובר·אן·בקרב·הקר·בקרחה·ואמר·לכל·העם·עשו·ל־

25   כם·אש·בר·בביתה | ואנך·כרתי·המכרתת·לקרחה·בא

26   ישראל | אנך·בנתי·[ער]ער·ואנך·עשתי·המסלת·בארנן

27   [אנ]ך בנתי·בת·במת·כי·הרס·הא | אנך·בנתי·בצר·כי·ע[צ]

28   ת   ש·דיבן·חמשן·כי·כל·דיבן·משמעת | ואנך מל[את־]

29   ו·   מאת·בקרן·אשר·יספתי·על·הארץ | ואנך·בנ[חי]

30   ובת·דבלתן | ובת·בעל מען·ואשא·שם·את·ט

31   הארץ | וחורנן·ישב·בה·ב·   ו

32   [א]מר·לי כמש· רד· הלתחם·בחורנן | וא

33   ·כמש·בימי·ועל   עש

34   ש | ק | וא

TRADUCTION.

Moi, je suis Mesa, fils de Chamosgad, roi de Moab, le Dibonite. | Mon père a régné sur Moab trente années, et moi j'ai régné après mon père. | Et j'ai construit ce sanctuaire pour Chamos dans Qarha, [sanctuaire du salut], car il m'a sauvé de tous les agresseurs et m'a fait voir avec mépris tous mes ennemis. |

Omri fut roi d'Israël et opprima Moab pendant de longs jours, aussi Chamos s'irrita de ses agressions | Et son fils lui succéda, et il dit, lui aussi : « j'opprimerai Moab. » | Dans mes jours, je dis : « je le... et je le visiterai lui et sa maison, » | et Israël fut ruiné, ruiné pour toujours. Omri s'était emparé de la terre de Me-deba. | Et il y demeurait......[Achab] son fils vécut quarante ans, et Chamos l'a [fait périr] de mon temps. |

Alors je bâtis Baal Meon et je construisis Qiriathaïm. |

Et les hommes de Gad demeuraient dans le pays d'[Ataro]th depuis longtemps, et le roi d'Israël avait construit pour lui la ville d'Ataroth. | J'attaquai la ville et je la pris, | et je tuai tout le peuple de la ville, en spectacle à Chamos et à Moab, | et j'emportai de la le .... et je le traînai à terre devant la face de Chamos, à Qerioth, | et j'y transportai les hommes de Saron (ou de Chofen) et les hommes de Maharouth (?). |

Et Chamos me dit : « Va ! prends Nébah sur Israël. » | J'allai de nuit, et je combattis contre la ville depuis le lever de l'aube jusqu'à midi, | et je la pris : et je tuai tout, sept mille [hommes : et j'emmenai avec moi] les femmes et les jeunes filles, car à Astar Chamos appartient la consécration des femmes, | et j'emportai de là les vases de Jéhovah et je les traînai à terre devant la face de Chamos. |

Et le roi d'Israël avait bâti Yahas et y résidait lors de sa guerre contre moi. | Et Chamos le chassa de devant sa face : je pris de Moab deux cents hommes en tout | Je les fis monter à Yahas, et je la pris pour l'annexer à Dibon. |

C'est moi qui ai construit Qarha, le mur des forêts et le mur de la colline. | J'ai bâti ses portes, et j'ai bâti ses tours. | J'ai bâti le palais du roi et j'ai construit les prisons des ..... dans le milieu de la ville. |

Et il n'y avait pas de puits dans l'intérieur de la ville, dans Qarha;

et je dis à tout le peuple : « Faites vous chacun un puits dans sa maison, » | et j'ai creusé les citernes (ou les fossés) pour Qarha, pour . . . . d'Israël. |

C'est moi qui ai construit Aroër, et qui ai fait la route de l'Arnon. | C'est moi qui ai construit Beth-Bamoth, qui était détruite. | C'est moi qui ai construit Bosor, qui [est puissante] . . . . . Dibon, des chefs militaires, car tout Dibon était soumis. | Et j'ai rempli . . . . . avec les villes que j'ai ajoutées à la terre (de Moab). |

Et c'est moi qui ai construit . . . . . Beth-Diblathaïm, et Beth-Baal-Meon, et j'ai élevé là le . . . . . la terre. | Et Horonaïm, il y résida avec . . . . | Et Chamos me dit : « Descends et combats contre Horonaïm. » | . . . . Chamos, dans mes jours . . . . l'année . . . .

A M. LE COMTE DE VOGÜÉ

Jérusalem, 23 janvier 1870.

Dans ma précédente lettre (1), je vous donnais tous les détails relatifs à la découverte de la stèle de Dhiban, et je vous envoyais un premier essai de traduction : je vous adresse aujourd'hui, avec mon commentaire, une transcription plus complète et plus correcte du texte. Dans l'esquisse trop rapidement faite que vous

(1) Cette lettre, datée du 16 janvier, a été imprimée par mes soins et publiée chez Baudry, 15, rue des Saints-Pères : j'en résumerai ici, pour les lecteurs de la *Revue*, les principaux passages.

Depuis longtemps M. Ganneau avait appris qu'il existait à Dhibân, l'ancienne Dibon, à l'orient de la mer Morte, un gros bloc de pierre noire couvert de caractères : il l'envoya d'abord reconnaître par un Arabe de Jérusalem, qui copia grossièrement quelques lignes ; cette copie, malgré son imperfection, suffit pour lui faire comprendre la haute antiquité et l'importance du monument ; il fit alors prendre un estampage par un jeune Arabe très-intelligent ; mais, dans une querelle qui faillit coûter la vie au messager, l'estampage fut très-maltraité : arraché encore humide de dessus la pierre, il fut déchiré en sept morceaux, et froissé en beaucoup d'endroits. M. Ganneau entra alors en négociations avec les bédouins pour l'acquisition de la stèle ; mais une nouvelle querelle surgit et par suite d'événements difficiles à éclaircir la pierre fut brisée en morceaux. Tout espoir d'avoir l'original étant perdu, M. Ganneau se mit bravement à l'œuvre, n'ayant pour tout élément de travail que son informe copie et son estampage en lambeaux. A ce moment (25 novembre 1869) je traversais Jérusalem et je pus constater de mes yeux les grandes difficultés de déchiffrement qu'il avait à vaincre. Heureusement, au commencement de janvier, un des bédouins dressés par M. Ganneau lui apportait l'estampage bien fait de deux gros fragments, et quelques petits morceaux de la pierre elle-même : ces nouveaux matériaux lui permirent de reconstruire le texte presqu'en entier et de faire l'intéressant travail qu'on va lire.

La planche qui accompagne cette seconde lettre a été gravée d'après l'esquisse de M. Ganneau et réduite au tiers de l'original : les traits qui coupent le dessin indiquent le contour des deux fragments estampés après coup La pierre est un basalte noir très-compact ; elle a un mètre de hauteur sur soixante centimètres de largeur et autant d'épaisseur ; une petite saillie encadrait le texte, elle a disparu à gauche ainsi que la fin de presque toutes les lignes.   M. DE VOGÜÉ.

avez reçue, quelques lettres avaient été omises ; il était facile de les rétablir à l'aide de ma transcription, et j'espère que vous avez fait vous-même les corrections nécessaires. Une étude plus approfondie de mes différents estampages m'a aussi permis de reconnaître plusieurs lettres qui avaient résisté à mes premiers efforts ; d'importantes lacunes ont été ainsi comblées ; je ne doute pas que l'on ne parvienne à retrouver encore quelques mots : je vous tiendrai au courant des découvertes à mesure qu'elles se produiront.

I

COMMENTAIRE HISTORIQUE.

Pour déterminer la place exacte de notre texte dans le temps, pour en comprendre toute la valeur et pouvoir discuter les différentes questions qu'il soulève, il est nécessaire de résumer ici tout ce que nous connaissons de l'origine et de l'histoire des Moabites. Ces renseignements, d'ailleurs fort succincts, se réduisent à quelques récits épars dans la Bible, qui ne s'occupe guère des Moabites que lorsqu'ils se trouvent en contact direct ou en conflit avec les Hébreux. Josèphe, dans ses *Antiquités judaïques*, ne fait que reproduire, avec de légères amplifications oratoires et quelques explications critiques, qui nous donnent la mesure de la science exégétique à son époque, la version des livres canoniques ; nous n'aurons à lui emprunter que peu de chose.

Nous ne reviendrons pas sur la curieuse légende de l'inceste de Lot, qui, tout en constatant traditionnellement l'étroite parenté des Hébreux avec les Moabites et les Ammonites, laisse percer contre ces deux derniers peuples une malveillance évidente ; la naissance de cette légende doit être par conséquent postérieure à la première collision entre les nations de même race. Il résulte du récit biblique que les Moabites se rattachent directement à la première migration araméenne, celle d'Abram.

Les Moabites se fixèrent tout d'abord à l'est du Jourdain (*Arboth Moab*) et du bassin de la mer Morte, après avoir expulsé de cette région la population autochthone des Emim (*Deut.*, 2, 10). Les Ammonites occupaient la contrée située à l'est du territoire moabite ; cette proximité, jointe à l'affinité ethnique, eut pour résultat une promiscuité de frontières qui rend très-difficile la détermination précise de la limite qui séparait ces deux peuples.

Le territoire primitif des Moabites embrassait la côte orientale de la mer Morte dans toute sa longueur, depuis le Gebal au sud, et la rive orientale du Jourdain, jusqu'à la hauteur du pays de Gilead au nord. Il était divisé en deux zones de longueur à peu près égale, séparées par l'Arnon, le Wadi Mojeb actuel, qui se jette dans la mer Morte : la zone septentrionale qui correspond au *Belkaa*, la zone méridionale qui est représentée par le *Kerak* de nos jours. Cette distinction géographique est capitale, parce qu'elle donne la clef de l'histoire moabite.

Après avoir expulsé les premiers occupants, les Moabites eux-mêmes eurent à subir une invasion chananéenne, celle des Amorites, sous le commandement de Sihon, qui leur enleva le Belkaa et les rejeta au sud de l'Arnon, en les confinant dans le Kerak (*Nombres*, 21 ; 13, 26. *Juges*, 11 ; 13, 18). Les conquérants amorites occupèrent tout le territoire situé au nord de ce fleuve, qui devint la ligne de démarcation entre eux et les Moabites. Sur ces entrefaites eut lieu l'arrivée des Israélites sortis d'Égypte ; ceux-ci, pour s'assurer au moins la neutralité bienveillante d'un peuple de leur race, s'abstinrent soigneusement de tout acte d'hostilité envers lui (*Deut.*, 2 ; 9. Cf. *Juges*, 11 ; 15, 18. *Chron.*, 20 ; 10). Ils évitèrent de toucher à son territoire, et vinrent prendre position au nord de l'Arnon, après avoir battu, à Yahsa, Sihon, le roi des Amorites. Mais les Moabites virent d'un mauvais œil les nouveaux venus succéder aux premiers envahisseurs dans les possessions qui leur avaient été précédemment enlevées. Le roi de Moab, Balak, dont le père, Sippor, avait été probablement vaincu par Sihon, inquiet des succès des Israélites, fit venir le célèbre prophète Bileam pour les maudire et détourner ainsi le danger qu'il redoutait (*Nombres*, 22. Cf. Jos. *Ant. jud.*, 4 ; 6, 2). Ici se place ce long épisode des bénédictions et des malédictions, dont le fond pourrait bien être emprunté à une chronique moabite.

Plus tard, les filles de Moab, et surtout celles de Midian, font parmi les Hebreux campés à Sittim une dangereuse propagande en les initiant au culte voluptueux de Baal Péor (*Nombres*, 25), qui paraît être plutôt une divinité midianite que moabite, à moins qu'on ne veuille admettre l'identité plus que douteuse de Baal Péor et de Chamos (*Nombres*, 31 ; 16. *Josué*, 22 ; 17).

Cette attitude malveillante, ces actes de sourde hostilité, en réponse aux avances des Hébreux, amenèrent chez ceux-ci un revirement dans leurs dispositions envers les Moabites. C'est à ce moment qu'il faut rapporter l'édiction de cette prescription intolérante du Deutéronome (1) contre les Moabites, prescription dont l'esprit est si différent des premiers passages mentionnés plus haut.

Avant la mort de Moïse et le passage du Jourdain par les Hébreux, les tribus de Gad et de Ruben, ainsi que la demi-tribu de Manassé, avaient obtenu l'autorisation d'occuper le territoire transjordanien pris aux Amorites, qui l'avaient eux-mêmes conquis sur les Moabites (*Nombres*, 32 , 34; 14. *Josué*, 1; 12. 14; 3).

Cette substitution des Hébreux aux Amorites ne dut pas être acceptée sans protestation par les Moabites, qui comptaient certainement, après le départ de cette horde vagabonde, venir derrière elle réoccuper leurs anciennes possessions au nord de l'Arnon. Il est plus que probable qu'ils tentèrent de nouveau la chance des combats, qui cette fois paraît leur avoir été plus favorable, car, une soixantaine d'années environ après la mort de Josué, Eglon, roi de Moab, aidé des Amalékites, franchit le Jourdain, s'empare de Jéricho, et asservit pendant dix-huit ans les tribus ci-jordaniennes (*Juges*, 3; 12 et suiv.). Il est évident que pour arriver jusque-là, il avait dû passer sur le corps aux tribus de Ruben et de Gad, et recouvrer par conséquent tout le Belkaa. Ehoud le gaucher assassine Églon, et les Moabites, qui avaient franchi le Jourdain, sont massacrés. Il est probable qu'ils furent même rejetés au-delà de l'Arnon, car, sous Jephté, nous voyons que les Israëlites possédaient la ville de Mispah, *en Moab*, c'est-à-dire appartenant à l'ancien territoire moabite.

A l'époque de Jephté, aucun conflit ne paraît avoir eu lieu entre les Israëlites et les Moabites, cantonnés derrière l'Arnon. En effet, le nom de Moab n'est pas prononcé une seule fois parmi les peuples qui inquiétèrent les Israëlites à la mort de Jaïr, bien que le dieu de Moab figure parmi les dieux de ces peuples adorés par les Israëlites (*Juges*, 11 ; 16). Cette absence est caractéristique ; on doit en conclure que les Moabites s'abstinrent pendant cette période, cependant critique pour Israël, de passer l'Arnon pour prendre part aux hostilités. Ce sont les Ammonites qui engagent et soutiennent la lutte. Les ambassadeurs que leur envoie Jephté, avant de rompre les relations, ont avec eux une conférence dont l'interprétation n'est pas sans obscurités. Pourquoi nous attaquez-vous? demandent les envoyés. — Parce qu'Israël quand il est monté d'Égypte, a enlevé *ma*

____

(1) L'Ammonite et le Moabite n'entreront jamais dans l'assemblée du Seigneur, même après la dixième génération (Deutér., 23; 3]. Tandis que les Iduméens, et même les Égyptiens, peuvent y être admis dès la troisième génération (id., 7, 8).

terre depuis les confins de l'Arnon jusqu'au Yabbok et au Jourdain, répond le roi des Ammonites (11 ; 13). Or ce territoire appartenait, nous l'avons vu, aux Moabites ; il est permis de croire que les Ammonites, étroitement alliés par la race aux Moabites et leurs voisins immédiats , voyant que ceux-ci renonçaient tacitement à faire valoir leurs droits sur cette possession, se substituaient en leur lieu et place, et la revendiquaient pour leur propre compte. Du reste, les envoyés israélites, bien qu'ils ne reconnaissent pas davantage les prétentions des Moabites, rappellent adroitement qu'elles existent et qu'elles annulent celles des Ammonites : « Israël n'a pris ni la *terre de Moab*, ni la terre d'Ammon (11 ; 15). » Ce point délicatement touché, ils affirment nettement le principe de la ligne de l'Arnon : « Car l'Arnon est la frontière de Moab (11 ; 18). » Puis ils développent, conformément aux instructions de Jephté, leur théorie, qui peut se résumer ainsi (11 ; 19-26) : « Quand nous sommes arrivés dans cette contrée, la région au nord de l'Arnon (*Belkaa*) n'appartenait ni aux Moabites, ni aux Ammonites, nos frères ; mais aux Amorites. Nous l'avons enlevée à ces intrus chananéens, les armes à la main ; elle nous appartient par droit de conquête. Pourquoi Balak, roi de Moab, *qui vous vaut bien*, n'a-t-il pas protesté contre nous ? D'ailleurs pourquoi, *vous Ammonites*, n'avez-vous pas jusqu'ici revendiqué ces prétendus droits, et avez-vous laissé s'établir une prescription de trois cents ans ? » Le raisonnement des Israélites s'adresse même aux Moabites, et prend à partie leur dieu Chamos, qu'il met sur un pied d'égalité avec le dieu d'Israël ; c'est une manière d'arguer *a fortiori* tendant à démontrer que les Moabites eux-mêmes seraient mal fondés dans leurs réclamations, et que les Ammonites le sont bien davantage.

Tout cela concourt à montrer que les Moabites n'étaient pas à cette époque en hostilité avec les Israélites. Ces relations pacifiques se prolongèrent assez longtemps, soit que les Moabites n'aient pas franchi l'Arnon, soit que les Israélites se soient résignés à leur retour. L'histoire de Ruth nous prouve qu'en tout cas ces deux peuples frères vivaient en assez bonne intelligence, et que les alliances n'étaient pas rares entre eux, malgré les prohibitions mosaïques.

David était à moitié moabite par son aïeule Ruth (*Ruth*, 17). Il dut invoquer cette parenté, quand, pendant sa lutte avec Saül, il vint à Mispah, demander au roi de Moab, qui y résidait, asile pour son père et sa mère (*I Samuel*, 22 ; 3). Ce détail précieux nous révèle la tendance constante des Moabites, tendance qui domine toute leur histoire, à réoccuper leurs anciennes possessions au nord de l'Arnon ; car cette même Mispah, placée *en Moab* par le livre de Samuel, nous l'avons vue, dans le livre des *Juges* (11 ; 11, 29, 34), au pouvoir des Israëlites sous Jephté.

Le roi de Moab accueillit d'autant plus favorablement David, qu'il avait eu lui-même précédemment (*I Samuel*, 14 ; 47) à combattre contre Saül, qui probablement avait tenté d'arrêter les Moabites dans leurs progrès au nord de l'Arnon. Quelques Moabites s'associèrent même à la guerre de partisans que faisait David (*I Chron.*, 11 ; 46). David, devenu roi des douze tribus, n'en fit pas moins aux Moabites, auxquels il tenait par le double lien du sang et de la reconnaissance, une guerre d'extermination (*II Samuel*, 8 ; 2. *I Chron.*, 18 ; 2). La Bible est très-laconique sur cette expédition sanglante, et complétement muette sur les causes qui l'amenèrent. On a cherché à suppléer à ce silence par d'ingénieuses conjectures. Je crois que l'explication la plus plausible est encore celle-ci : le maintien de l'intégrité du territoire d'Israël était une question primordiale, et c'est à cette nécessité politique qu'obéissait David, aussi bien que Saül son adversaire, en refoulant impitoyablement les Moabites qui avaient débordé la ligne de l'Arnon, cette frontière naturelle et séculaire des Hébreux vers le sud. Je ne serais même pas éloigné de prêter au verset de Samuel, cité plus haut, une signification figurée : ces Moabites, *divisés au cordeau en deux parts, destinées l'une à la vie, l'autre à la mort*, me paraissent représenter les Moabites d'au-delà et d'en-deçà de l'Arnon : les premiers rendus tributaires, les seconds exterminés sans merci.

C'était un rude coup pour les Moabites, qui ne recommencèrent pas de sitôt leurs entreprises sur un territoire que, de leur côté, ils n'avaient jamais cessé, ainsi qu'ils le prouvèrent par la suite, de considérer comme leur.

Salomon jouit en paix des fruits de la victoire de son père : il ne dédaigna pas d'ouvrir son harem aux belles Moabites, et éleva, pour leur complaire, un temple, un *Bamah*, au dieu national de Moab, à Chamos, sur la montagne qui faisait face à Jérusalem (1). Ce sanctuaire ne fut détruit que quatre siècles plus tard par Josiah (*II Rois*, 23 ; 13).

Après le schisme des dix tribus, à la mort de Salomon, la suzeraineté sur Moab devint, par suite même des exigences géographiques, l'apanage du royaume d'Israël. C'est aux rois d'Israël que les Moa-

---

(1) *I Rois*, 2 ; 1, 7, 33. L'identité des termes dont se sert la Bible et de ceux de notre inscription est frappante : ‏אז יבנה שלמה במה לכמוש‎... Comparez : ‏ואעש הבמת זאת לכמש‎.

bites payaient le tribut qui leur avait été imposé par David. Mais à
la mort d'Achab, fils d'Omri (897), Mesa, roi de Moab, secoue enfin
le joug d'Israël (*II Rois*, 1 ; 1) et refuse de payer le tribut consistant
en agneaux et béliers, que de tout temps ces *régions ont produits* en
quantité (*II Rois*, 3 ; 4) (1). Achazia n'eut pas le temps de réprimer
cette révolte. Le premier soin de son frère Joram, qui lui succéda
(896), fut de proposer à Josaphat, qui occupait le trône de Juda depuis dix-huit ans, une expédition en commun contre les Moabites
insurgés (*II Rois*, 3. Josèphe, *Ant. jud.*, 9 ; 3). Josaphat, qui avait
déjà secouru contre les Syriens Achab, père de Joram, accepta ; et
les deux armées alliées, assistées du roi d'Édom, s'avancèrent contre
Mesa, en adoptant un singulier itinéraire. Au lieu de pénétrer directement par le nord, ils longèrent la côte occidentale et tournèrent
la pointe méridionale de la mer Morte. Ils faillirent d'ailleurs périr
de soif en route, et ne durent leur salut, d'après la Bible, qu'aux
conseils d'Élisée, qui assistait à l'expédition, et à l'intervention mi-
raculeuse de Jehovah. Trompés par un mirage qui leur fit voir, dans
des flaques d'eau rougies par le soleil levant, la trace sanglante d'une
lutte nocturne entre les confédérés, les Moabites, qui s'étaient levés
en masse pour la défense de leur pays, se précipitèrent, afin de piller
le camp ennemi, le pensant abandonné. Mais les Israélites repoussè-
rent avec succès cette attaque désordonnée, et commencèrent à ravager le territoire moabite, détruisant les villes, bouchant les fon-
taines, coupant les arbres à fruit et semant les champs de
pierres (2). Le roi de Moab aurait même été assiégé par les alliés
à Qir Hareset. Après une sortie infructueuse, dirigée contre
le camp du roi d'Édom, Mesa « saisit son fils aîné, qui devait
régner après lui, et l'offrit en holocauste sur la muraille ; une grande
indignation s'éleva parmi les Israélites, et ils se retirèrent aussitôt
et retournèrent en leur terre. »

Ce récit présente plusieurs obscurités que nous essayerons d'expliquer tout à l'heure. Les Chroniques nous donnent la relation d'une
autre guerre, dans laquelle les Moabites, aidés des Ammonites (?) et
des Iduméens, auraient pris l'offensive contre Josaphat, roi de Juda

(1) Il est probable que cette révolte fut déterminée par le grave échec que Ben
Hadad, roi de Damas, venait de faire subir aux Israélites à Ramoth de Gilead,
Achab ayant été tué dans une malheureuse affaire, Mesa ne laissa pas échapper
cette excellente occasion de se rendre indépendant.

(2) Ce dernier détail peut servir à expliquer la présence de ces quantités de
pierres, évidemment cassées et semées de mains d'homme, qui jonchent les plus
belles terres de Judée et en rendent la culture si pénible.

(2; 20). Ils auraient même pénétré jusqu'à En-Gaddi. Mais une querelle ayant éclaté entre les envahisseurs, il s'en serait suivi une mêlée générale qui aurait fait la besogne des Juifs, et ne leur aurait plus laissé que la peine de dépouiller les morts et de piller le camp.

Il s'agirait de savoir quand eut lieu cette agression des Moabites ; si c'est avant ou après l'expédition combinée de Joram et de Josaphat dirigée contre eux, ou si ce n'est pas la même affaire diversement racontée. Cette dernière opinion paraît peu probable, malgré les raisons invoquées par Gesenius et repoussées par Munk. Munk (*Palestine*, p. 316-317), admettant une interversion dans les versets 31-37 du chapitre des *Chroniques,* place l'invasion moabite après l'expédition de Joram ; Josèphe, dans ses *Antiquités judaïques*, la place avant.

Quoi qu'il en soit, il est certain que la campagne des rois de Juda et d'Israël fut loin d'avoir un succès décisif. La phrase vague qui termine le récit du livre des *Rois* est peu satisfaisante ; on s'explique difficilement la retraite spontanée et subite des alliés devant l'horreur que leur inspire l'immolation du fils de Mesa. Il semble plutôt que les envahisseurs ont dû, soit éprouver quelque grave échec, soit abandonner une place qui n'était plus tenable pour eux. Déjà le récit biblique lui-même faisait pressentir un dénoûment défavorable, en peignant les anxiétés des trois rois exposés aux horreurs de la soif pendant leur longue marche : « Hélas ! hélas ! dit le roi d'Israël, le Seigneur a rassemblé ici trois rois pour les livrer entre les mains de Moab ! » (*II Rois*, 3 ; 10).

Le sacrifice du fils de Mesa, qu'on a tenté d'interpréter de maintes façons, et qui rappelle tout à fait le sacrifice non consommé d'Isaac, et surtout le vœu de Jephté, aurait peut-être été le prix d'une victoire remportée par Mesa.

Pour des vainqueurs, les alliés se retirent d'une étrange façon : on se rend compte difficilement de ce qui peut les arrêter en aussi beau chemin. Il n'est pas question du rétablissement de l'impôt dont le refus avait été la cause de cette guerre ; et si l'on met l'attaque du roi de Moab contre Josaphat *après* cette énigmatique expédition, l'hypothèse d'un succès des Israélites devient encore plus improbable ; car, pour un roi si rudement battu, Mesa reprendrait bien vite l'offensive.

Je crois, au contraire, que de ce moment date l'affranchissement définitif des Moabites, rentrés dans leurs antiques possessions au nord de l'Arnon, c'est-à-dire dans le territoire de Ruben et de Gad. Il est évident que Mesa, résolu à secouer pour toujours le joug d'Israël, ne se borna pas a refuser purement et simplement l'impôt, mais que son premier acte fut de franchir la ligne de l'Arnon. L'occasion était des plus propices; la présence probable de l'armée syrienne dans le pays de Gilead, qu'elle devait occuper depuis sa victoire à Ramoth, favorisait singulièrement le mouvement en avant de Mesa.

On comprend alors l'intérêt stratégique de Joram et de Josaphat à venir tenter par le sud, en traversant le territoire de leur allié le roi d'Édom, une puissante diversion pour prendre les Moabites à revers et les contraindre à repasser l'Arnon, afin de se rendre chez eux: ils étaient ainsi forcés d'évacuer en partie les places qu'ils avaient occupées militairement au nord de l'Arnon, et devaient renoncer à tenter une jonction avec l'armée syrienne qui tenait le pays de Gilead (1). On comprend aussi alors pourquoi Josaphat fait cause commune avec le roi d'Israël dans une question de gouvernement intérieur après tout; c'est qu'il était, lui aussi, menacé par les progrès des Moabites, dont il ne se trouvait plus séparé que par le Jourdain; ou bien, si l'on considère l'agression moabite contre lui comme antérieure à la campagne des deux rois, c'est qu'il voulait prévenir le retour de pareilles tentatives. Les premiers succès de l'armée confédérée, qui ravage un pays dégarni de troupes, s'expliquent également fort bien.

D'ailleurs, à partir de cette époque, il n'est plus question d'une suzeraineté sérieuse d'Israël sur Moab; au contraire, nous voyons, une cinquantaine d'années plus tard, les Moabites venir faire des *ghazzias* sur les terres d'Israël (*II Rois*, 13; 20). Il paraît même, d'après Amos (2; 1), qu'ils firent payer cher aux Édomites le secours qu'ils avaient prêté aux confédérés (2).

Il semble cependant résulter de quelques passages de la Bible (*II Rois*, 14; 25. Amos, *passim;* les chapitres 15 et 16 d'Isaïe, si l'on admet l'opinion de Knobel et de Hitzig), que Jéroboam II, roi d'Israël (825-784), aurait momentanément reconquis tout le territoire trans-

---

(1) Le Jourdain devait être également un grand obstacle pour les confédérés, si, comme nous le pensons, Mesa était déjà en mesure de leur en disputer le passage, et puis ils seraient venus se heurter aux Syriens en Gilead. Quant au roi d'Edom, il semble avoir été obligé, par sa position géographique, de se joindre aux rois de Juda et d'Israël. Il est à noter que les Moabites, commandés évidemment par Mesa, prenant l'offensive contre Josaphat, adoptent le même itinéraire et entraînent aussi le roi d'Edom dans leur marche (*II Chron.*, 20; 10). La perspective du butin devait d'ailleurs déterminer les hordes iduméennes à se joindre indifféremment à tous les envahisseurs qui traversaient leur territoire.

(2) « Ils ont brûlé et réduit en cendres les ossements du roi d'Edom. »

jordanien et rétabli les anciennes limites d'Israël, en rejetant probablement de nouveau les Moabites au delà de l'Arnon. Mais ce ne fut
qu'un succès éphémère. Quelques années plus tard (778), Phul, roi
d'Assyrie, commença la déportation des tribus transjordaniennes,
qui est consommée (740) par Tiglath Pilezer (*I Chron.*, 5; 26). Les
Moabites ont désormais le champ libre. Les tribus de Ruben, de Gad
et de Manassé, après des guerres heureuses contre les populations
nomades qui les entouraient, avaient d'ailleurs commencé, d'assez
bonne heure à ce qui est présumable, à abandonner le culte de leurs
pères pour adorer les dieux de leurs voisins (*I Chron.*, 18-25); ils
avaient donc dû accepter sans trop de difficultés les conséquences
de la conquête de Mesa.

Les Moabites, momentanément expulsés par Jéroboam II, et ayant
ainsi échappé à la déportation, passèrent de nouveau l'Arnon après
le départ des Assyriens, et redevinrent sans coup férir les maîtres de
leurs anciennes possessions. Pour les conserver en paix, ils recon-
nurent la suzeraineté assyrienne, car nous voyons dans le prisme
cunéiforme de Sennacherib, un Chamosnadab de Moab figurer, en
compagnie de Pedonil d'Ammon et de Molochram d'Édom, parmi les
tributaires du puissant monarque. Il est remarquable, d'autre part,
qu'aucun roi de Moab n'est nommé dans le récit de la sixième campagne de Salmanazar IV, qui eut lieu en 900; tandis qu'il y est fait
mention *d'un roi d'Ammon*, Baasa, fils de Rohob. C'est que Mesa ne
devait secouer le joug d'Israël que trois ans plus tard, à la mort d'A-
chab (897), et qu'il n'y avait pas encore de royaume moabite auto-
nome, du moins au nord de l'Arnon.

C'est à cette seconde renaissance de la puissance moabite, débar-
rassée à jamais du joug d'Israël, que doivent s'adresser les violentes
imprécations de Jérémie (ch. 48), si intéressantes par les détails de
tout genre qu'elles nous donnent sur les Moabites. Ce chapitre nous
montre les Moabites installés, au nord de l'Arnon, dans toutes les
villes rubénites et gadites (1), fiers de leurs richesses et de leur
force, et raillant Israël déchu et traîné en captivité (Cf. *Sophonie*, 2;
8 et suiv.).

Telle était la situation des Moabites lorsque survint Nabuchodonosor. Les Moabites, les Ammonites et d'autres populations syriennes

______

(1) Il est frappant de voir que presque toutes les villes énumérées par Mesa dans
son inscription, par Isaïe au temps de Jéroboàm, et par Jérémie au moment de la
chute du royaume de Juda, appartiennent *au territoire de Ruben et de Gad*, ce
qui prouve que ces trois documents correspondent aux trois phases principales de la
question de l'Arnon.

s'empressèrent de faire leur soumission au redoutable conquérant, et lui fournirent même, pour combattre Joakim, roi de Juda, des contingents qui se distinguèrent surtout par des exploits de maraudeurs (*II Rois*, 24, 2) Cependant, un peu plus tard, sous Sedekiah, ils envoient, de concert avec les rois d'Ammon, d'Édom, de Tyr et de Sidon, des ambassadeurs au roi de Juda, pour l'inviter à former avec eux une ligue contre les Chaldéens (*Jérémie*, 27 ; 3). Cette tentative ne paraît pas avoir eu des résultats sérieux. Après la chute définitive du royaume de Juda, les Moabites, ainsi que les Ammonites, eurent, à ce qu'il semble, à subir eux-mêmes, peut-être à cause de cette velléité de rébellion ou de quelque autre félonie, les ravages des Chaldéens (1). C'est probablement l'invasion chaldéenne qui eut lieu cinq ans après la prise de Jérusalem (Josèphe, *Ant. jud.*, 10 ; 9, 7. Cf. *Ezech.*, 25 ; 8, 11. *Jérémie*, 52, 30). Ce ne peut être qu'à cet événement que fait allusion le chapitre de Jérémie, quand il montre la prospérité orgueilleuse de Moab détruite par une calamité qu'il considère comme un châtiment céleste (ch. 48. Cf. ch. 25 ; 9, 21) (2).

Quant aux chapitres (15 et 16) attribués à Isaïe, qui ont servi certainement de modèle à Jérémie, puisqu'il en reproduit parfois les termes mêmes, nous avons vu plus haut qu'ils remontaient vraisemblablement au règne et s'appliquaient à la conquête éphémère de Jéroboam II.

Désormais il n'est plus guère question des Moabites. Après le retour de la captivité, Sanballat de Horonaïm, ville moabite, cherche à entraver les Juifs par la ruse et par la violence, dans la reconstruction de leurs murs d'enceinte (*Néhémie*, 2 ; 10. 4 ; 1, 7, 8. 6 ; 1 et suiv.)

Les alliances entre les Juifs, les Moabites et les autres peuples environnants sont cependant fréquentes (*Esdras*, 9 ; 1, 2). Une puissante famille, revenue de Babylone, porte le nom caractéristique de *Phahath-Moab* (*Esdras*, 2 ; 6 et al.).

Le livre, d'ailleurs sans valeur historique, de *Judith*, parle des chefs et gouverneurs (ἄρχοντας, ἡγούμενοι) de Moab et d'Ammon (5 ; 2. 7 ; 8). On peut conclure du silence gardé par les livres des *Macchabées* que, malgré des expéditions dirigées contre les Ammonites, les

---

(1) Peut-être l'assassinat commis par Ismaël, à l'instigation des Ammonites, sur la personne du Juif Gedaliah, qui administrait au nom des Chaldéens les débris du royaume de Juda.

(2) Il semble que Moab avait été épargné par la grande invasion chaldéenne de Nabuchodonosor, cinq ans auparavant, car beaucoup de Juifs avaient échappé à la captivité et à la mort en se réfugiant chez les Moabites (Jérémie, 40 ; 11).

premiers Hasmonéens n'attaquèrent pas les Moabites. Alexandre
Jannée fit contre eux une campagne assez heureuse (Josèphe, *Ant.
jud.*, 13; 13, 5). Déjà à cette époque, ils tendent à s'absorber dans la
grande famille arabe à laquelle les rattache étroitement leur organi-
sation linguistique. Cependant Josèphe dit qu'ils constituaient encore
à son époque *une grande nation* (1). Il parle dans sa *Guerre juive* (3;
3, 3) d'une *Moabitide*. Mais ces restes d'autonomie ne tardent pas à
disparaître, et l'on ne trouve plus guère trace du nom des Moabites
que dans celui du district de Rabbath Moab d'Eusèbe et de la *Kha-
rakmoba* de Ptolémée (2).

Rien de plus simple à présent que d'assigner à la page précieuse
de l'histoire moabite que nous possédons, sa date et sa place. Il paraît,
a priori, que le Mesa de la Bible et le Mesa de notre inscription sont
un seul et même personnage. L'identité des noms est déjà une très-
forte présomption ; on aurait cependant le droit d'objecter qu'il peut
y avoir dans les dynasties moabites plusieurs rois portant le nom de
Mesa, comme nous avons admis nous-même l'existence possible de
deux Chamosnadab différents. Je néglige ici les inductions paléogra-
phiques et linguistiques examinées ailleurs. Je crois pouvoir affir-
mer que, historiquement, l'on ne saurait trouver dans les annales
moabites un roi auquel il soit possible d'attribuer cette inscription
plus logiquement qu'au Mesa contemporain de Josaphat et de Joram.
Et en effet, qui pourrait donc être ce roi qui s'étend si longuement
sur ses luttes avec le roi d'Israël, contre le joug pesant duquel il
proteste, qui énumère si complaisamment toutes ces villes *gadites* et
rubénites construites par lui, tous ces sanctuaires élevés par lui à
Chamos, qui construit une route sur l'*Arnon*, qui parle d'Omri,
père d'Achab, qui se nomme enfin lui-même Mesa, roi de Moab, si
ce n'est le Mesa de la Bible, se soulevant à la mort d'Achab, refusant
l'impôt écrasant de cent mille béliers et de cent mille agneaux, fran-
chissant, comme nous l'avons démontré, la ligne de l'Arnon, récu-

(1) Μέγιστον ὄντας, ἔτι καὶ νῦν, ἔθνος (*Ant. jud.*, 1; 2, 5).

(2) Si la nationalité des Moabites a péri, la race n'en existe pas moins encore très-
purement conservée dans les tribus bédouines qui occupent l'ancien territoire moabite. Le type, les coutumes, les traditions, les vêtements, la langue même de ces
tribus, étudiés soigneusement, nous révéleraient sur cette question des faits du plus
haut intérêt, à en juger par les quelques observations de ce genre que j'ai pu déjà
recueillir, et dont j'ose dès aujourd'hui tirer cette conclusion, applicable d'ailleurs
respectivement à la plupart des anciens peuples de Palestine et, probablement, de
Syrie : *il y a de nos jours encore de véritables Moabites.*

pérant l'antique territoire moabite occupé par les tribus de Gad et de Ruben, et résistant aux efforts combinés de Joram et de Josaphat?

Il est certainement très-remarquable que la presque totalité des villes et temples construits par Mesa appartiennent justement au territoire de Ruben et de Gad, c'est-à-dire au Belkaa. C'était une manière imagée et bien orientale d'indiquer qu'il reprenait possession de l'antique héritage de Chamos et de Moab, que de se considérer comme le véritable fondateur de ces villes qu'il recouvrait, de ces sanctuaires qu'il rendait au culte national. C'est exactement ce qu'avaient fait auparavant, dans cette région même, les envahisseurs israëlites (*Nombres*, 32 ; 37, 38) : « Mais les enfants de Ruben *bâtirent* Hesbon, Éléalè, Kariathaïm, Nabo, Baal Meon et Sabama, en *changeant les noms et donnant des noms aux villes qu'ils avaient bâties*. » Mesa dut rétablir ces noms antiques, si l'usage, plus fort que toutes les conventions, ne l'avait pas déjà devancé. C'était pour lui une raison de plus de dire : *J'ai construit telle ville*, c'est-à-dire *je lui ai rendu son nom national ; j'ai construit ce temple*, c'est-à-dire *je l'ai réédifié et rouvert au culte de Chamos*. C'était en quelque sorte faire dater de la conquête la renaissance de toutes ces cités et de tous ces sanctuaires.

Pour fixer définitivement la place chronologique de notre inscription et des événements auxquels elle se rapporte, il est indispensable de déterminer l'âge des morceaux d'Isaïe et de Jérémie relatifs à Moab.

Les deux chapitres attribués à Isaïe s'expliquent à merveille, si on les rapporte à la conquête de Jéroboam II : vers 896, Mesa a reconquis le territoire au nord de l'Arnon ; peut-être moins de cent ans après, Jéroboam (825-784) rejette les Moabites au sud de ce fleuve. Le prophète anonyme, peut-être Jonas, qui est l'auteur des deux chapitres en question, décrit l'état florissant du royaume moabite entre ces deux dates, et raconte avec le lyrisme pittoresque du prophétisme la conquête de Jéroboam II, en insistant surtout sur les scènes de massacre et de ruine dont elle dut être accompagnée.

« *Nous avons entendu parler* de l'insolence de Moab ; ce peuple est superbe, mais son arrogance et sa fureur sont au-dessus de sa puissance... (*Isaïe*, 16 ; 6). » Le prophète s'en prend à la joie insultante provoquée chez les Moabites par l'annexion d'une province qui doublait leur royaume. Ne croirait-on pas même voir dans ces mots, *nous avons entendu parler*, une allusion à cette proclamation pompeuse de Mesa, que nous a conservée notre stèle? C'est bien à l'ivresse insolente d'un peuple nouvellement vainqueur que s'adressent les menaces du prophète contre les *braves de Moab*. De bonne heure Israël avait songé à ressaisir son ancienne possession : « Voilà ce que le Seigneur annonce dès longtemps à Moab (16, 13). »

Et cette phrase : « Tel l'oiseau fugitif, *récemment échappé de son nid*, telles seront le- filles de Moab *aux gués de l'Arnon* (16, 2). » Ne nous indique-t-elle pas d'une manière métaphorique l'invasion récente des Moabites au delà et leur retraite en deçà de l'Arnon ?

« Mes fugitifs t'habiteront » (16, 4) s'applique au retour des Gadites et des Rubénites, chassés par l'invasion moabite, et peut-être cet *oppresseur*, dont la mort est regardée par le reste du verset comme un signal de délivrance, est-il Mesa lui-même.

« Moab hurlera pour Moab » (16, 2) contient une distinction entre les Moabites au sud et les Moabites au nord de l'Arnon, qui seront exposés aux horreurs de la guerre.

« Ses chefs fuiront jusqu'à Soar » (15, 5) accuse clairement le mouvement rétrograde vers le sud.

Enfin toutes ces villes moabites, représentées comme ravagées par l'invasion, appartiennent précisément, comme nous l'avons déjà fait plusieurs fois remarquer, au territoire de Gad et de Ruben.

Arrivons au chapitre de Jérémie.

Après le passage de Phul et de Tiglath Pilezer, qui emmènent en captivité les tribus transjordaniennes, les Moabites reprennent possession du Belkaa. Ils l'occupent sans contestation jusqu'à l'invasion chaldéenne, qui eut lieu cinq ans après la chute de Jérusalem, et qui paraît leur avoir été fatale. C'est à cette période de paisible possession, suivie de ce désastre qui ruine à jamais la puissance moabite, que correspond le chapitre 48 de Jérémie. Malgré des emprunts très-considérables faits par ce dernier chapitre aux descriptions dites d'*Isaïe*, malgré des reproductions littérales qui nous donnent peut-être même d'une façon plus pure, plus complète, plus archaïque le texte du prophète contemporain de Jéroboam II, ces deux morceaux, du moins dans leur ensemble, sinon dans leurs détails, sont à la même distance l'un de l'autre que Jéroboam II de Nabuzardan.

On a cru remarquer (1) que nulle part il n'était dit que les Moabites avaient été emmenés en captivité; je pense cependant qu'ils n'échappèrent pas (au moins les chefs politiques et religieux) à cette conséquence inévitable de l'expédition chaldéenne dirigée contre eux; j'en vois la preuve dans deux passages de Jérémie :

____

(1) Munk, *Palestine*, p. 96

« Chamos sortira *pour la captivité*, et avec lui ses prêtres et ses princes (48; 7).

« Et dans ces derniers jours, je ramènerai les *captifs* de Moab. » (*Id.*, 47.)

Ces versets sont éclairés par ceux-ci :

« Moab est tranquille depuis ses plus jeunes ans, et s'est reposé dans son abondance; on ne l'a pas fait passer, *comme le vin, d'un vase dans un autre*, et il n'est point *allé dans un pays étranger* : c'est pourquoi son goût et son parfum sont toujours les mêmes. » (*Id.*, 11.)

« Mais voici que les jours viennent, dit le Seigneur, et je lui enverrai des hommes qui disposent et qui étendent le vin, et ils videront ses vases et ils briseront ses outres. » (*Id.*, 12.)

Ces versets, rapprochés du passage de Josèphe sur l'invasion chaldéenne qu'eurent à subir les Moabites (1), ne permettent pas de douter que les Moabites aient été emmenés en *captivité*; ils donnent ainsi la date du chapitre de Jérémie.

Nous croyons devoir insister sur ce fait, parce qu'il explique la distinction profonde qui existe entre les chapitres d'Isaïe, décrivant la conquête d'un roi d'Israël, et celui de Jérémie, racontant une invasion chaldéenne (2). L'analogie générale des situations justifie les emprunts faits par ce dernier aux premiers, mais ne doit pas abuser sur la diversité des événements auxquels ils s'appliquent.

Ces deux points chronologiques obtenus nous donneront le moyen de déterminer le troisième et de mesurer la distance qui les en sépare, c'est-à-dire l'âge même de notre monument. En effet, si les chapitres de Jérémie ne peuvent être rapportés qu'à l'invasion chaldéenne de 584, les chapitres d'Isaïe ne peuvent s'appliquer qu'à la

(1) *Antiq. jud.*, 10, 9, 7. « La cinquième année après la destruction de Jérusalem, c'est-à-dire la vingt-troisième du règne de Nabuchodonosor, il fit une expédition dans la Cœlésyrie, et, après l'avoir conquise, *il combattit les Ammonites et les Moabites*. Après avoir soumis ces peuples, etc... » Rapprochez Ezéchiel (25; 10) : « Je les ouvrirai (les villes moabites) *aux fils de l'Orient*. » Je ne serais même pas étonné que le motif de cette invasion fût l'asile accordé, comme nous l'avons vu plus haut, par les Moabites aux Juifs fugitifs; car le résultat de cette expédition fut l'envoi par Nebuzardan d'un nouveau contingent de Juifs déportés (Jérémie, 52; 30).

(2) Dans Isaïe, il n'est question que de l'orgueil et de la présomption de Moab; dans Jérémie, on lui reproche de plus ses railleries à l'adresse d'Israël, son ancien suzerain, déchu (48; 27), et on lui annonce le même sort (*id.*, 13).

conquête de Jéroboam II. Mais Jéroboam II n'a pu reconquérir qu'un territoire précédemment perdu, et cette perte n'a pu avoir lieu qu'entre les limites extrêmes des années 897 (mort d'Achab, soulèment des Moabites) et 784 (mort de Jéroboam II). Or, dans cette période de cent treize ans, nous voyons les Moabites attaquer Israël sous Joas (840), ce qui prouve qu'ils n'étaient pas encore soumis à cette époque. Nous voilà donc arrivés bien près de l'insurrection de Mesa, et il est impossible de ne pas attribuer à cette insurrection la perte de territoire éprouvée par Israël, et dont nous avons à chercher l'origine. Le Mesa de la Bible et le Mesa de la stèle, tous deux révoltés contre le joug d'Israël et s'annexant tous deux le même territoire, ne sauraient être deux personnages distincts.

II

COMMENTAIRE LITTÉRAL.

Jerusalem, 1er avril 1870.

Le retard apporté à l'impression de la fin de ma lettre m'a permis de faire quelques corrections et modifications dans cette partie de mon travail. D'heureuses circonstances m'ont fourni l'occasion de combler quelques lacunes du texte primitif et de mieux lire certains passages. En effet, depuis mon précédent envoi, j'ai eu la bonne fortune d'acquérir des Arabes presque tout ce qui reste du monument de Dhibân. J'ai entre les mains vingt morceaux de pierre plus ou moins considérables : d'abord les deux grands fragments marqués sur la planche par des traits ponctués; l'un porte trois cent cinquante-huit lettres, et l'autre cent cinquante; ensuite dix-huit fragments moins importants, dont le plus gros porte trente-huit caractères et le plus petit une seule lettre. La somme des lettres *gravées sur la pierre* et que nous possédons aujourd'hui est de six cent treize. J'évalue le nombre total des caractères à environ un millier: cela fait plus des *trois cinquièmes* du monument original. La plus grande partie de ces morceaux, même les plus minimes, peut être mise en place facilement, en tenant compte de la correspondance horizontale et verticale des séries de caractères : il suffit de procéder comme pour déterminer la position géographique d'un point par l'intersection des lignes de longitude et de latitude; l'ex-

périence m'a réussi plusieurs fois. Si à ces fragments l'on ajoute ceux
que de son côté possède le capitaine Warren, on voit que les *lacunes
du monument original* se réduiront à des fractions en minorité, et seront d'ailleurs presque entièrement comblées par l'estampage primitif.

Je dois du reste faire remarquer que l'inscription, avant l'acte de
vandalisme qui a failli en priver à tout jamais la science, n'avait pas
été sans souffrir partiellement des injures du temps. Certaines régions auraient toujours été difficiles à déchiffrer, quelques passages
même étaient complétement effacés; enfin un angle, celui de droite,
paraît avoir été cassé et manquer depuis fort longtemps.

Ligne 1. אנך. Pron. de la prem. pers. du masc. sing. : *je, moi.*
Nous avons la forme antique de ce pronom, comme en assyrien et en
phénicien. Cf. le אנכי des anciennes parties de la Bible.

משע. *Defective* pour מישע, *Mesa* ou *Mescha*, roi de Moab
(Rois 2 : 3); ce nom dérive de la racine ישע, *sauver* (au *Hiphil*), la
même qui, combinée avec יה, a donné naissance au nom ישעיה, *Isaïe.*

בן כמש... *Fils de Chamos.* . Chamos est, comme on le sait, le dieu
national des Moabites. Peut-être Mesa prend-il ici le titre de *fils de
Chamos*, avec la signification de *serviteur de Chamos* (cf. Gesenius,
Lex. s. v. בן). Comparez Jérémie (11 : 27) : « Eux qui avaient dit au
bois : tu es mon père, et à la pierre : tu m'as engendré » C'est ainsi
que nous voyons trois rois de Damas porter le nom de Ben-Hadad,
fils, c'est-à-dire *adorateur* du dieu Hadad. Je crois cependant que la
lacune d'environ trois lettres qui suit Chamos et qui est limitée par
un point, contient un mot, nom ou verbe, qui était en composition avec Chamos et formait avec lui une de ces appellations
mythologiques si répandues chez les Sémites; nous aurions
alors véritablement le nom du père de Mesa. L'inscription assyrienne de Sennachérib (704-681 av. J.-C.) nous fournit un précieux
renseignement sur ce point : parmi les rois qui reconnaissent la suzeraineté du conquérant, nous trouvons à côté de Pedonil d'Ammon, *Chamosnadab de Moab.* On peut en conclure que ce nom de *Chamosnadab*
a été porté par plusieurs rois moabites, entre autres par le père de
Mesa. Chamosnadab correspond exactement au nom hébreu Jehona-
dab, יהונדב. Il est digne de remarque que le roi d'Israël à l'é-
poque duquel pouvait régner le père de Mesa, puisque, comme nous
allons le voir, il a occupé le trône de Moab pendant trente ans, s'ap-
pelait *Nadab;* il ne serait pas impossible que le vassal du roi d'Israël
ait, à dessein, fait entrer dans la composition de son nom celui de son

suzerain. Je trouve, dans les *Mélanges d'archéologie orientale* de
M. de Vogüé, un nom gravé sur un cachet, que le savant auteur considère, avec toute apparence de raison, comme moabite : כמשיחי,
Chamosiekhi, et qui peut être fructueusement rapproché de notre
stèle.

מלך מאב..., *roi de Moab*. Le mot Moab, qui était illisible sur l'estampage, mais que j'avais restitué par induction, existe positivement;
je l'ai lu sur un éclat de basalte dont la place est déterminée sans
doute possible. מאב est *defect.* pour מואב, cf. le ماب des histo-
riens et géographes arabes. On sait la curieuse légende à laquelle
l'étymologie forcée de ce nom ethnique a donné naissance; il est certain que le récit de la *Genèse* a pour point de départ une interprétation maligne de מואב ou plutôt de מאב, et que l'histoire de l'inceste de Lot, père des Moabites et des Ammonites, est destinée à
rendre compte du mot אב, *père*, qu'il paraît contenir. On a cherché
à déterminer la manière dont ce nom avait été envisagé et décom-
posé: par exemple, מו אב, l'*eau*, c'est-à-dire *la semence du père*. D'a-
près le texte hébreu que j'ai attentivement relu, je croirais plutôt
que, pour le rédacteur, מואב, signifiait simplement מאב, *ex pa-
tre* (ויהי מאבינו זרע. *Gen.*, 19 : 32). L'orthographe *défective* מאב,
assurément la plus ancienne, est tout en faveur de cette dernière
opinion.

Ligne 2. יבני. Je ne m'explique pas bien la signification de ce
mot, dont la lecture est d'ailleurs certaine (1).

אבי, *mon père*.

מלך, *régna*. מלך est ici verbe, comme le prouve la préposition
על dont il est suivi.

על מאב, *sur Moab* (cf. II *Rois* 3 : 1).

שלשן, *trente*. C'est l'hébreu שלשים; nous constatons entre les
deux mots une double différence : 1° la suppression du י; 2° le
changement du ם en ן. La terminaison du pluriel en ן au lieu
de ים tend à rapprocher le moabite des dialectes araméen et arabe;
nous la retrouverons souvent dans le cours de cette étude.

---

(1) Deux explications ont été proposées par MM. Oppert, Derenbourg, Nœldeke,
en supposant qu'il manquait deux lettres à la fin de la 1re ligne, ce que la forme du
monument autorise à penser. En suppléant הד, on obtient l'ethnique *Haddiboni*, *le
Dibonite*, ce qui expliquerait la présence de cette stèle à Dibon, patrie de Mesa. En
suppléant בן, *fils de*, le mot en question devient le nom du grand-père de Mesa
Yabni, nom de même racine que *Thabnith*, père d'Eshmunazar. — M. DE VOGÜÉ.

שת, *année*, =שנת comme en phénicien. On connaît ce remarquable phénomène d'assimilation du נ qui est si fréquent en hébreu et qui a produit : בת = בנת, גת = גנת, חטה = חנטה, etc. שת, construit avec un nom de nombre supérieur à dix, reste au singulier, conformément à la règle générale des langues sémitiques.

Ligne 3. *Et moi j'ai régné après mon père* ne présente aucune difficulté.

ואעש, *et j'ai fait*, première pers. sing. de l'aoriste apocopé du verbe עשה, *faire*, précédé du *vav* conversif ou consécutif.

הבמת זאת, *ce haut-lieu* (*ce temple*). ה est l'article comme e n hébreu, במת est en construction avec זאת pron. démonstr. fémin. sing. L'orthographe *plene* de ce dernier mot est à remarquer; on sait par le phénicien que le א persiste plus que le י et le ו.

לכמש, *à Chamos*. L'orthographe *défect.* du nom de ce dieu nous laisse dans le doute sur le choix à faire entre le *qeri* et le *ketibh*, entre *Chamos* et *Chamis*.

בקרחה. ב est la prép. hébr. *dans*, *avec*, *à*. Le mot קרחה, auquel elle est jointe, revient plusieurs fois dans l'inscription. A première vue ce mot paraît être un nom propre d'endroit: on penserait tout d'abord à en rapprocher le nom de la ville de *Kerak*, où de savants auteurs ont voulu retrouver non-seulement l'emplacement, mais encore le nom même de *Qir Moab*, ou *Qir Heres*, la capitale des Moabites, malgré les différences orthographiques profondes et presque irréductibles qui séparent קיר הרס de كَرَكْ (כרכא דמאב) du Talmud chaldaïque). Pour admettre cette identification, il faudrait montrer comment ces trois formes קיר הרס, כרך et קרחה peuvent dériver les unes des autres, en tenant compte encore de la transcription Χαραχμῶϐα. Cela prouvé, il resterait toujours à expliquer comment et pourquoi un monument aussi massif que notre stèle, élevé à Karak, aurait été retrouvé à Dhîbân, qui en est fort éloigné. S'il fallait absolument une localité correspondant à קרחה, je signalerais, sans la proposer, *G'rahé* (prononciation bédouine = قَرَاحَهْ) au sud de Kerak (peut-être le *Djebel Um Karaieh* de la carte de Van de Velde).

Enfin le mot קרחה est répété encore trois fois dans l'inscription; deux fois il semble associé à de véritables noms de villes : *Hamat ha-yearim* et *Qir*; une fois il est précédé de la préposition ל.

Une autre interprétation pourrait être essayée; je ne la donne, bien entendu, que sous toutes réserves, car elle est loin d'être complètement satisfaisante. La racine קרח a le sens de *glabrum, calvum fecit;* קרחה ou קרח (si le ה est l'affixe pronom. de la 2ᵉ pers. masc. sing.) désigne peut-être le sommet des montagnes que l'on rasait et aplanissait, pour y faciliter l'installation des *Bamoth* ou *hauts lieux*, et l'exercice du culte dont ils étaient le théâtre. L'aire d'Ornan le Jébuséen, sur laquelle fut construit le temple des Hébreux, devait être quelque sanctuaire jébuséen de cette catégorie. Aux environs de Jérusalem, on rencontre sur le sommet des montagnes beaucoup de ces antiques esplanades ou plates-formes , taillées dans le roc et utilisées comme aires par les *fellahîn.* Je crois qu'il est fait une allusion directe à ce mot dans les malédictions de Jérémie contre Moab, כל ראש קרחה: (48: 37; cf. *Isaïe* 15 : 2). *Toute tête est rasée,* littér. *est calvitie.* Il y a dans cette phrase un double sens, un de ces jeux de mots très-goûtés des Israëlites : *Toutes vos montagnes ont leur sommet rasé, toutes vos têtes seront rasées* (en signe de deuil) (1). Jusqu'à nouvel ordre nous nous bornerons à rendre קרחה par une transcription : *Qarha,* où l'on pourra voir à volonté un nom propre ou un substantif signifiant plate-forme, esplanade.

....ב. Le trait qui suit la lettre ב peut être la queue d'un מ ou d'un נ.

Ligne 4. שע. Le commencement de ce mot est à chercher dans la lacune finale de la ligne précédente.

כי. *Car,* ou : *aussi, c'est pourquoi.*

השעני. נ est le pron. aff. verb. de la 1ʳᵉ pers. sing. השע est un *Hiphil* de ישע au parfait, doublement *défect.* pour הורשיע = *il m'a sauvé.* Cette signification m'enhardit à proposer une restitution du premier mot de la ligne שע en משע. Nous obtiendrions alors le nom *Mesa* et la phrase : ....*Mesa, parce qu'il m'a sauvé,* c'est-à-dire (je m'appelle) *Mesa (sauvé), parce qu'il (Chamos) m'a sauvé.* Nous avons vu en effet que משע provenait de ישע.

מכל, *de tous les.* כל est régulièrement construit avec l'article ה du mot suivant.

השלכן. Ce mot, difficile à déchiffrer, me paraît être un substantif

---

(1) Je dois faire observer qu'en admettant קרחה = Qir Moab ou Qir Heres, ce jeu de mots, que nous croyons avoir trouvé dans Jérémie et dans Isaïe, s'expliquerait aussi bien, sinon mieux encore. En effet, קיר הרס ou קיר חרש , écrit *defective* et sans tenir compte de la séparation des mots, donne קרחרש. Ce groupe peut se diviser en קרח ר ש et produire par interversion רש קרח, c'est-à-dire רי(א)ש קרח(ה).

dérivé de la racine שלך, *jeter, renverser*, avec le sens de שלכת, *eversio, dejectio*. Il est au pluriel ; on peut le traduire par : *périls, attaques, coups.*

וכי, *et parce que.*

יראני. *Hiphil* de ראה au parfait, avec apocope du ה et suffixe de la 1ʳᵉ pers. הראה signifie *faire voir* avec diverses acceptions indiquées par le contexte : en adoptant pour le mot suivant le sens que M. Renan indique dans le numéro du *Journal des Débats* qui vient de me parvenir, la signification du verbe est ici : *il m'a fait voir avec mépris.*

בכל שנאי, *tous mes ennemis.* Cette traduction doit être préférée à celle que j'avais d'abord proposée.

Ligne 5. Dans une note jointe à la partie de mon travail reproduite par la *Revue archéologique*, M. de Vogüé considère le י initial comme la fin du nom propre *Omri*. D'un autre côté, je reçois un numéro du *Record*, dans lequel sir H. Rawlinson propose la même restitution. La lecture certaine d'un ע à la fin de la ligne 4 et d'un נ ou מ douteux, est tout en faveur de cette hypothèse : je ne m'explique seulement pas bien la construction de la phrase, le verbe מלך étant à la ligne 2 suivi de la préposition על ; il faut donc sousentendre le verbe *être.*

מלך ישראל ויענו (*fut*) *roi d'Israël, et il opprima*, aoriste de ענה pour ענו ; précédé du *vav* conversif, il a ici, comme en hébreu, la valeur d'un parfait. Ce verbe, qui a le sens d'*opprimer, ravager*, est probablement au *Piël.*

את מאב. *Moab*, régime direct du verbe précédent ; את est la particule déterminative du régime, comme en hébreu. Nous la retrouverons plusieurs fois encore.

ימן רבן. *Pendant longtemps*, littér. de *longs jours.* (Cf. ימים רבים, Gen. 21 : 34.)

כי a ici une valeur explicative : *aussi, c'est pourquoi.*

תאנף כמש, *Chamos s'est irrité.* Le ת de תאנף n'est pas tout à fait sûr ; il ne pourrait s'expliquer qu'en admettant en moabite l'existence d'une sixième forme, comme en arabe, ce qui n'aurait rien d'invraisemblable, car nous allons voir tout à l'heure que cette langue possède aussi une huitième forme incontestable. Peut-être au lieu d'un ת doit-il y avoir encore un י, ce qui nous donnerait une forme tout à fait hébraïque.

Si la lecture תאנף était certaine, on pourrait encore à la rigueur

le regarder comme un *Hithpaël* (usité en hébreu pour le verbe אנף)
au parfait, avec aphérése du ה ; si le point qui suit כי n'était pas
aussi clair, on pourrait considérer le י final comme appartenant au
mot suivant, et obtenir la forme, dès lors parfaitement régulière
en hébreu, de יתאנף.

Ce sentiment de colère chez Chamos concorde remarquablement
avec ceux que la Bible prête à Jéhovah.

...ב, traces d'un ב dans lequel je verrais volontiers la préposition
ב qui demande le verbe אנף, suivie d'un substantif dont nous aurions la fin dans les premières lettres צה de la ligne 6.

Ligne 6. צה. Je pense que le ה est le suffixe de la 3º pers. masc.
sing. et se rapporte au *roi d'Israël.* Il nous reste à trouver un mot se
terminant par צ et offrant une signification appropriée au contexte.
לחץ, *oppression, vexation, tyrannie,* ferait parfaitement l'affaire. Le
suffixe verbal ou pronominal de la 3º pers. du sing. masc. est, en
moabite, invariablement ה, comme nous le verrons par la suite. Ce
fait rapproche encore le moabite de l'arabe.

ויחלפה בנה, *et son fils lui succéda.* Vav conversif déterminant
יחלף au passé; ה, suffixe de la 3º pers. masc. sing. se rapportant
au roi d'Israël mentionné plus haut. בנה, *son fils* (le fils du roi
d'Israël). La racine חלף a plusieurs acceptions en hébreu ; celle que
nous lui attribuons est très-plausible, et elle est pleinement confirmée par le lexique arabe (خَلِيفَة خَلَف).

ויאמר, *et il dit.* Vav conversif déterminant יאמר au passé.

גם הא, *lui aussi.* הא est *defective* pour הוא, comme en phénicien,
pronom isolé de la 3º pers. masc. sing. (Cf. גם הוא. *Nombres,* 24,
24.)

אענו את מאב, *j'opprimerai Moab.* Ce discours direct, mis dans la
bouche du roi d'Israél, rappelle tout à fait les habitudes bibliques.

בימי. *Dans mes jours,* c'est-à-dire *de mon temps.*

...אמר. Ce mot peut être la 3º pers. masc. sing. du parfait, ou la
1ʳᵉ de l'aoriste (cf. l. 24, ואמר). La seconde valeur paraît plus probable, vu le sens général, malgré l'absence du *vav* conversif pour déterminer אמר (= je dis) au passé.

Ligne 7. וארא בה ובבתה. *Et je le verrai lui et sa maison (son temple).*
Il devait y avoir dans la lacune finale de la ligne précédente un
autre verbe également à la 1ʳᵉ pers. sing. de l'aoriste : *je..... le.....
et je le verrai,* etc. ראה ב a le sens particulier de *adspectu delectari*
et s'emploie très-souvent pour désigner la joie que l'on éprouve à la

vue de son ennemi vaincu (v. Gesenius, Lex. s. v.). Ainsi Ps. 54, 9 : *Mon œil se réjouira de voir mes ennemis (tombés)*. Telle doit être la signification de notre phrase, qui implique un projet d'invasion ; ה ne peut se rapporter au fils du roi d'Israël, car Mesa parlait tout à l'heure de temps anciens, puisqu'il indique, par l'expression בימי, qu'il redescend à son époque ; le suffixe doit représenter un substantif qui était compris dans la lacune précédente , et régi par le verbe qui venait avant וראה. On s'explique la haine que devait porter Mesa au temple des Hébreux, et la visite menaçante qu'il lui annonce, quand on se rappelle que l'accès en était à jamais interdit aux Moabites et aux Ammonites par les prescriptions mosaïques (*Deutér.* 23 : 3).

וישראל. *Et Israël*, pris, ainsi que dans la Bible, comme équivalent du peuple d'Israël ; de même, Moab personnifie toute la nation moabite.

אבד אבד, *fut ruiné, ruiné*. La répétition du mot indique l'énergie mise dans l'expression.

עלם pour עולם, *éternellement? pour toujours?* ou bien : *anciennement ?* Je ne me rends pas bien compte de ce mot ainsi placé sans être appuyé par une préposition. Peut-être faut-il lire le second אבד אבר et considérer עלם comme qualifiant ce nom verbal?

וירש עמרי את..., *et Omri s'empara de....* Omri, le général d'Ela qui s'empara de la royauté d'Israël vers l'an 934, après l'assassinat d'Ela par Simri, et transféra la capitale d'Israël à Samarie, de Thirsa où elle était auparavant. Il laissa son trône à son fils Achab. ירש peut être soit au parfait, soit à l'aoriste. את détermine à l'accusatif le régime qui manque.

Ligne 8. צ, fin du mot compris dans la lacune précédente ; peut-être תרץ pour תרצה (cf. יהץ=יהצה), *Thirsa?*

מהדבא. Faut-il lire מה דבא? Cela ne donne pas un sens satisfaisant. Je serais tenté d'y voir, avec une légère variante orthographique (מידבא), le nom d'une ville moabite bien connue : *Medeba* faisant partie du territoire de Ruben. ·

וישב בה..., *et il y demeura*, de ישב. Ce qui nous montre qu'il faut nécessairement un nom de ville dans la phrase précédente.

ימי בנה ארבען שת.... *Les jours de son fils* (furent) *quarante ans*, c'est-à-dire *son fils vécut quarante ans*. ארבעים = ארבעין = ארבען (cf. l. 2, שלשן שת). Ce fils ne peut être qu'Achab.

בת כמש בימי. בת peut contenir ה suffixe de la 3ᵉ pers. masc

sing. se rapportant à Achab, et ב la 3ᵉ radicale d'un verbe appartenant à la lacune précédente et ayant pour sujet *Chamos*. Nous aurions alors : *Chamos l'a..... de mon temps;* peut-être : *Chamos l'a
fait périr.* (On connaît la fin tragique d'Achab) On pourrait encore
regarder בה comme signifiant *dans lui, où;* il faudrait dans ce cas
traduire : *où Chamos est* (règne) *de mes jours;* ה devrait alors nécessairement se rapporter à un nom de ville.

ואבן את בעל מען. *Et je construisis Baal Meon.* אבן, 1ʳᵉ pers. sing.
de l'aor. apocopé de בנה précédé du *vav convers.* בעל מען pour
(בית) בעל מען (les deux expressions se retrouvent dans la Bible;
Josué 13 : 17; — *Nombres* 32 : 38). *Beth Baal Meon,* ville moabite
du territoire de Ruben.

ואעש בה..., *et j'y ai fait...* 1ʳᵉ pers. de l'aor. apocopé de עשה,
faire, précédé du *vav conv.* Je n'ai pu déchiffrer le régime. Peut-être
le verbe עשה est-il pris ici dans le sens absolu qu'il a fréquemment
ment en hébreu, de *sacrifier.*

 וא.... Cet א précédé du ו me semble indiquer un second verbe
au même temps et à la même personne que אבן; peut-être est-ce
ce verbe même répété : וא)בן) : *et j'ai construit.*

Ligne 10. את קריתן *Qiriathaim.* Ville rubénite et moabite. Littéralement, *les deux villes.* קריתים = קריתן = קריתן (cf la variante
קרתן qu'on trouve dans la Bible pour une ville du territoire de
Nephtali qui portait le même nom).

אש גד. M. de Vogüé, dans une note accompagnant mon premier
article, pense que ces mots doivent signifier : *et les hommes de Gad.*
Cette interprétation me paraît excellente de tout point et de la plus
grande importance; il en résulte que la lacune qui suit immédiatement ces deux mots doit être remplie par un verbe. Il est regrettable que je n'aie pu encore déchiffrer le nom de *la terre* qu'occupaient les Gadites; je ne renonce pas cependant à l'espoir de le lire.
Ma nouvelle lecture de עטרת à la ligne 11 donne à la savante interprétation de M. de Vogüé et en reçoit en même temps une probabi-
lité de plus, car nous savons pertinemment qu'*Ataroth* était une ville
gadite (*Nombres,* 32, 34). Je rappellerai à ce propos un passage de
Jérémie (49, 1) qui, sans avoir un rapport direct avec le sujet qui
nous occupe, mérite d'être relevé et signalé : « Israël n'a-t-il point
de fils? Israël n'a-t-il point d'héritiers? Pourquoi le roi des *enfants
d'Ammon* s'est-il emparé de *Gad* comme de son héritage? et pourquoi son peuple a-t-il établi sa demeure dans ses villes? » Cette
usurpation du territoire *gadite* par les *Ammonites* ne peut être le

même fait que la conquête de Mesa, roi de Moab; elle a dû avoir lieu après la chute de Samarie, ce qui justifie une fois de plus la place chronologique assignée au passage de Jérémie.

Ligne 11. Mesa parle ensuite d'une ville *fondée* anciennement par le roi d'Israël, ville dont je n'avais pu déchiffrer le nom; un examen ultérieur de mon grand estampage m'a fait reconnaître presque sûrement ע.רת; la seconde lettre a résisté à tous mes efforts : je propose d'y voir un ט (ce serait jusqu'ici le seul de toute l'inscription, et malheureusement la forme en est impossible à saisir, du moins avec les moyens d'observation dont je dispose). Nous aurions alors עטרת, *defective* pour עטרות, *Ataroth*, ville appartenant au territoire de la tribu de Gad, et probablement assez septentrionale comme situation.

ואלתחם, *et je combattis.* Nous avons ici une véritable huitième forme de la racine לחם; nous la retrouverons à l'impératif (l. 32) et à l'infinitif (l. 19). Ce serait en arabe التَّحَم. Cette fonction grammaticale, qui n'existe pas en hébreu, rapproche définitivement le moabite de l'arabe; à peine peut-on en trouver un rudiment dans אשתמוע (Cf. Gesenius, *Lex.* s. v.), nom de ville qui d'ailleurs n'est peut-être pas hébreu (cf. encore אשתדור, אשתאל).

בקר, *à Qir.* Probablement la fameuse קיר מואב ou קיר חרס, à moins que קר ne soit ici que comme un simple substantif et ne doive se traduire par *mur, forteresse, ville.*

ואחזה, *et je le pris,* 1re pers. sing. de l'aor. de אחז.

ואהרג את כלה, *et j'égorgeai tout le* ou *tous les....* La dernière lettre de הרג est certainement un ג malgré l'addition accidentelle d'un trait qui déroute à première vue. Le régime est illisible.

Ligne 12. קר... Je suppose que ce nom devait être précédé de la préposition ב, ce qui nous donnerait : *à Qir* ou : *dans la ville.*

רית לכמש ולמאב, *en spectacle à Chamos et à Moab.* רית me paraît être pour ראית et se retrouver avec un sens légèrement différent dans l'Ecclésiaste 5, 10. Chamos et Moab sont tout à fait dans le même rapport entre eux que Jehovah et Israël chez les Hébreux.

ואשב משם את... Le contexte indique qu'il ne faut pas dans ce passage regarder אשב comme appartenant à la racine ישב vue plus haut; je pencherais plutôt pour la 1re pers. sing. de l'aoriste apoc. de שבה, emmener en captivité. — משם, *de là : Et j'en emmenai captif le....* Rien ne prouve qu'il s'agisse dans ce passage de personnes plutôt que de choses; le verbe s'appliquant aussi bien aux choses (cf. *II Chroniques* **21** : **17**).

Je suppose que la conjonction ו devait être suivie d'un verbe ayant le sens de *offrir*, *sacrifier*, et dont le ה isolé, que nous allons trouver au commencement de la ligne suivante, serait le régime direct.

Ligne 13. ה לפני כמש, *(et je) le... à la face de Chamos* (cf. l'expression biblique si fréquente לפני יהוה, *devant la face de Jehovah*), c'est-à-dire *sous ses yeux, devant son autel*.

בקרית, *à Qerioth*. Ville moabite ; littér., *les villes*.

ואשב בה, *et j'y fis prisonnier*. Comme ce verbe est suivi d'un mot à l'accusatif, il est évident que nous devons, ainsi que plus haut, le faire dériver de שבה.

את אש שרן. את, marque de l'accusatif. אש=איש, *homme;* שרן, pl. de שר, *chef*. אש forme ici, comme en hebreu, une apposition avec שרן; et est purement explétif; je pense qu'il est mis collectivement au singulier pour אנשי, ce qui n'est pas sans exemple en hébreu.

ואת א... Le mot suivant nous indique ce qu'il faut suppléer pour combler cette lacune.

· **Ligne 14.** מחרת. J'ai longtemps hésité pour l'identité de la première lettre de ce mot qui pouvait être un מ aussi bien qu'un ש ; mais je possède maintenant l'éclat même de basalte qui contient le mot, et le doute n'est plus permis. Il ne faut pas songer, je pense, a l'hébreu מחרת, *lendemain;* je regarde le mot comme un dérivé spécial de la racine מחר, vendre, acheter, d'où מחיר, *pretium, præmium, merces.* Cette traduction nous fait voir qu'il faut pour la lacune de la ligne précédente un mot ayant le sens d'objets. Je proposerai (ז)א, *suppellex*, et je comparerai אזן מחרת, *objets de prix,* c'est-à-dire *objets précieux*, à כלי יקר (*Prov.* 20, 15), *vase de prix*.

ויאמר לי כמש, *et Chamos me dit.* Dans la reproduction du texte de mon premier envoi, j'avais sauté par inadvertance le א de יאמר. Cette manière de faire parler Chamos rappelle tout à fait les discours mis dans la bouche de Jéhovah.

לך, *va!* impératif de הלך ou ילך, régulièrement formé par l'aphérèse de la première radicale.

אחז, *prends!* impératif de אחז.

את נבה, régime du verbe précédent.

נבה, que j'ai rendu par *domination,* pourrait bien être un nom propre de ville = נבו, *Nebo.* Cette ville ne devait pas être loin du

célèbre mont Nebo (*Nombres*, 32 ; 3, 38). Elle figure comme ville
moabite dans Isaïe (15, 2) et Jérémie (38 ; 1, 22). J'avais écarté cette
idée à l'origine à cause de la différence orthographique qui existe
entre נבה et נבו ; on peut rapprocher sous ce rapport מידבא =
מההבא (?), lig. 8. Il est à noter d'autre part que les Bédouins disent
encore جبل نبا et non جبل نبو. Ce qui m'a déterminé à considérer
Nebah comme un nom de ville, c'est la découverte d'un petit fragment de pierre contenant trois caractères et comblant la lacune
initiale des lignes 16 et 17, de manière à ne pas laisser de doute sur
la nature du mot. Il faudrait traduire alors : *Prends la ville de
Nébo sur Israël.*

על ישראל, *sur Israël.*

Ligne 15. הלך Evidemment la ligne précédente doit se terminer
par un א ; nous avons alors אחלך (probablement précédé du ו
convers.). *j'allai.*

בללה, *pendant la nuit.* J'ai par erreur, en faisant l'esquisse de
l'inscription, intercalé dans ce mot un י qui n'existait que dans mon
imagination ; en tout cas, בללה est pour בלילה. Il faut remarquer
l'emploi du ה paragogique ; cette locution se retrouve identiquement
la même dans plusieurs passages bibliques.

ואלתחם בה, *et je combattis avec lui.* Nouvel exemple de notre
huitième forme.

רקע. מרקע השחרת, nom verbal de רקע, *expandit* (employé
dans ce sens au *Hiphil*, en parlant du ciel). (*Job* 37 : 18). Ce mot désigne le lever de l'aurore, considéré comme une *expansion* de lu-
mière ; il est en construction régulière avec שחרת, *aurore*, précédé
de l'article ה. Peut-être שחרת est-il un dérivé féminin de שחר.
On trouve du reste une fois dans la Bible (*Eccl.* 11 : 10) la forme
שחרות ; c'est peut-être la même que nous avons ici, écrite *defective.*
Depuis le lever de l'aurore.

עד צהרם, *jusqu'à midi.* צהרם est exactement l'hébreu צהרים,
qui veut littéralement dire *les deux lumières* (de la racine צהר,
cf. ظهر). Il est à noter que la terminaison du duel est ici ם et
non ן.

Ligne 16. Le petit fragment dont je parle ci-dessus nous donne
le commencement de cette ligne הז, mot dont le commencement se
trouvait à la fin de la ligne précédente et que je restitue en ואחזה,
et je la pris : donc il s'agit bien d'une ville (cf. ligne 11).

ואהרג כלה, *et je l'égorgeai tout entier (j'égorgeai en tout).*

שבעת אלפן, *sept mille*. Cette expression est parfaitement conforme aux règles générales des noms de nombre en hébreu et dans les autres langues sémitiques.

Ligne 17. Le même fragment nous donne la première lettre qui est ת, fin d'un mot appartenant à la ligne précédente et que je crois pouvoir bientôt arriver à lire sur mon grand estampage.

Le premier mot visible de cette ligne est המת, qui n'était pas lisible sur le premier estampage et que j'ai retrouvé depuis : c'est probablement un nom de ville, *Hamoth*.

כי לעשתר כמש, *car à Astar Chamos*. La lecture du nom de *Astar* dans ce texte, à côté de celui de Chamos, est du plus haut intérêt. Il paraît s'appliquer ici à une de ces émanations féminines des types mâles, si communes dans la mythologie sémitique. Cette nouvelle forme du nom d'Astoreth remplit une lacune à laquelle on avait suppléé par une hypothèse qui se trouve être exacte. Nous n'avons pas le temps de nous arrêter sur cette question, qui mériterait une étude à part ; je me contenterai de renvoyer à ma notice sur *un sacrifice à Ahtar* (bas-relief et inscription himyarites).

...ההרם (*appartient*) la *consécration*. חרם désignait chez les Hébreux le sort des villes ennemies vouées à l'extermination totale ; telle en est également ici la valeur, je pense.

...ואקח משם, *et je pris de là...* 1ʳᵉ pers. sing. de l'aor. de לקח, *prendre*, précédé du *vav* conversif.

Ligne 18. L'examen du grand fragment que j'ai tout récemment acquis m'a permis de lire avec une certitude absolue : יהוה., le tétragramme sacré que je ne donnais qu'avec hésitation d'après mon estampage. J'ai pu également déchiffrer le mot qui suit immédiatement יהוה, c'est ואסחב.הם, *et je les ai traînés à terre, déchirés*. Le pronom masc. plur. הם me paraît être distinctement détaché, par un point, du verbe dont il est le régime. La syllabe qui précède Yahveh, ou Jéhovah, est certainement la fin d'un mot au pluriel construit ; j'avais proposé la restitution [כ]לי, *vases sacrés*, mais je crois que ce terme ne concorde plus très-bien avec le sens de סחב, *traîner à terre, déchirer* ; je n'ai pas le temps de chercher un autre mot se terminant de même ; peut-être אהלי, *les tentes, les tabernacles* (?). En tout cas, ce passage est précieux parce qu'il nous montre que dans la ville rubénite de Nébo il était rendu un culte régulier et spécial à Jéhovah, peut-être dans un de ces hauts lieux hébreux dont le rigorisme israélite n'admit plus à une certaine époque la coexistence avec le sanctuaire unique de Jérusalem.

La présence du célèbre tétragramme est un fait des plus précieux, c'est certainement le spécimen graphique le plus ancien que l'on en possède. Mesa dit : *Jehovah*, tout court; on voit qu'il parle d'une divinité avec le nom de laquelle il est familier; de même la Bible avec Chamos.

לפכי כמש, *à la face de Chamos.*

...בנ ישראל ומלך. *Et le roi d'Israël construisit.* Je pense que le dernier mot doit être complété en בנה; c'est ce qu'indique clairement le contexte.

Ligne 19. יהץ. *Yahas*, ville moabite, qui faisait partie du territoire de Ruben ; on trouve aussi la forme יהצה.

וישב בה, *et il y résidait.*

בהלתחמה בי, *dans sa guerre avec moi.* הלתחם est le nom verbal ou infinitif de notre huitième forme; c'est un véritable افتعال.

ויגרשה כמש, *et Chamos le chassa.* יגרש peut être au *Piel*. La même expression est employée par l'*Exode* (23 : 29, 31), en parlant de *Jéhovah qui chasse* les Chananéens devant les Israélites.

...מפ. Je propose pour remplir cette lacune מפ(ניה), *de sa face.*

Ligne 20. ואקח ממאב, *et je pris de Moab.*

מאתן אש כל רשה, *deux cents hommes en tout.* רש pour ראש, tête, a très-probablement ici le sens de *somme, nombre, troupe,* littér. *toute sa somme,* c'est-à-dire *en tout.*

ואשאה ביהץ, *je les fis monter à Yahas.* 1ʳᵉ pers. sing. de l'aor. de נשא précédé du *vav* conversif et suivi du suffixe singulier se rapportant à la troupe de deux cents hommes de Moab.

ואחזה, *et je pris elle* (*Yahas*).

Ligne 21. לספת על דיבן, *en addition à Dibon* : le premier mot n'était pas visible sur les estampages, mais je l'ai lu sur la pierre : c'est le nom verbal de ספה, *ajouter, augmenter* (cf. *Isaïe*, 31, 1), indiquant que Mesa, maître de Dibon, ajoute à cette conquête celle de Yahas. Dibon, ville située près de l'Arnon et appartenant au territoire de Ruben; la mention de cette ville est d'une grande importance, parce que c'est non loin de ses ruines, appelées encore *Dhibân*, ذيبان, par les Bédouins, qu'a été trouvée notre stèle.

אנך בנתי, *c'est moi qui ai construit;* pour בניתי de בנה. Ce verbe, que nous reverrons souvent dans notre texte, n'y a pas en général le sens de *construire* dans son acception rigoureuse, mais celui de *restaurer, restituer*, comme nous nous attachons à le démontrer dans la partie historique. C'est d'ailleurs une habitude commune chez tous les souverains orientaux, anciens et modernes, de s'attribuer la construction de villes ou de monuments qu'ils n'ont souvent tout au plus que reconstruits ou agrandis. C'est pour cela qu'en arabe ــه a la double signification de *construire* et de *réparer*.

קרחה חמת היערם וחמ(ת). *Qarha Hamat ha-yearim?* Nous avons probablement là des noms de villes; mais que signifie *Qarha* ainsi placé sans être construit ni suivi d'une conjonction ou préposition? Le nom de חמת, *arx, munimentum,* devait appartenir à plusieurs villes syriennes; ainsi, on a déjà distingué la *Hamat* de la vallée de l'Oronte, *Hamat la grande,* de la *Hamat Soba.* Je pense qu'il devait y en avoir d'autres encore avec des appellations spéciales.

Si *Qarha* est un nom propre de ville, alors l'expression חמת היערם ne peut guère être qu'une apposition ; elle désignerait aussi un nom de ville : *Ville (mur) des forêts et ville des ......*

Ligne 22. Le mot qui commence est difficile à déchiffrer, même sur la pierre : il se compose de quatre caractères dont le premier est l'article ה (1).

ואנך בנתי שעריה.... *Et c'est moi qui ai construit ses portes.* שערי, pluriel de שער, régulièrement construit avec le suffixe de la 3ᵉ pers. masc. sing. Cette forme nous prouve l'existence virtuelle du י dans les terminaisons écrites *defective.* Dans la Bible, on mentionne toujours la construction des portes d'une ville comme le signe d'une construction complète et achevée.

מגדלתה, *sa forteresse.* Variante de מגדל.

Ligne 23. בתמלך. *Bet Moloch*, ville possédant quelques sanctuaires du dieu national des Ammonites (2).

---

(1) En étudiant l'estampage que M. Ganneau m'a envoyé en même temps que cette lettre, je crois que ce mot est העפל : la première lettre après l'article me paraît certaine ; la seconde est un *noun,* si ce n'est pas un *phé* ; la troisième est moins sûre, mais je ne vois pas moyen de la lire autrement. Ce mot signifie *colline;* comme nom propre, *Ophel* désigne les pentes du mont Moriah, situées en dehors de l'enceinte du temple de Jérusalem ; d'un autre côté, חמה ne me paraît pas pouvoir être traduit autrement que par *murs, enceinte :* je crois donc que ces deux expressions : *l'enceinte des forêts* et *l'enceinte de la colline,* désignent deux portions des fortifications élevées à Qarha par Mesa. — M. DE VOGÜÉ.

(2) Le contexte indique qu'il s'agit plutôt ici de la *maison du roi,* du palais bâti par Mesa à Qarha ainsi que les murs, les tours, les citernes, les prisons.   M. V.

בלאי, forme construite, *les prisons des*.

האש/////////ין. Le milieu de ce mot a tout à fait disparu par suite d'une ancienne cassure, peut-être d'un martelage de la pierre. ה est l'article avec lequel est construit le mot précédent.

בקר.... D'après le reste du texte, je propose la restitution בקר(ב), *au milieu de*.

Ligne 24. (ה)קר. *Qir*, ou bien, simplement, *la ville*.

ובר אן. Peut-être בר = באר, *puits*; אן me semble être אין. Je traduirais alors : *il n'y avait pas de puits*.

בקרב הקר, *dans 'intérieur de Qir*, ou *de la ville*.

בקרחה, *à Qarha*. Si *Qarha* est réellement un nom de ville, il devient difficile de voir dans קר un nom propre, et *vice versa*.

ואמר לכל העם, *et je dis à tout le peuple*.

עשו, *faites!* Impératif pluriel de עשה.

Ligne 25. כם אש בר בביתה. *Ainsi chacun qu'il y ait un puits dans sa maison*. Il est à noter que nous avons בית écrit ici *plene*. On ne doit pas s'étonner de voir figurer parmi les travaux exécutés par un grand roi le forage d'un puits ou la construction d'une citerne; les puits ont toujours été pour les Orientaux une chose de la plus grande valeur; je me bornerai à signaler les puits faits par Ozias (II *Chron.*, 26, 10).

ואנך כרתי המכרתת. La traduction : *et j'ai immolé l'holocauste*, a été généralement repoussée et avec raison. M. Renan, dans son article du *Journal des Débats* (25 février 1870), déclare ce sens très-contestable; M. Deutsch, dans le *Times* du 3 mars, dit qu'il aurait traduit : *et je creusai les citernes;* c'est certainement là la véritable signification. Celle que j'avais adoptée était matériellement correcte et pourrait se défendre si nous avions affaire à une phrase isolée; mais la valeur de la phrase est déterminée sûrement par le contexte : il vient d'être question de *puits* dans le verset précédent ; כרתי est pour כריתי et non pour כרתי, et dérive de כרה, *creuser*, ainsi que מכרתת pour מכרתות. Ce qui avait causé en grande partie mon erreur, c'était l'aspect de ce dernier mot où j'avais cru reconnaître à première inspection un substantif singulier, et où, voyant deux ת répétés, j'avais considéré le premier comme radical. לקרחה s'explique alors sans peine : *pour Qarha*. Il est regrettable que la disparition du mot commençant par בא ne puisse pas permettre de connaître le rôle qu'Israël (lig. 26) peut jouer à propos de ces citernes (creusées par des *prisonniers* ou des *ouvriers* israélites?).

Ligne 26. ‏ער‎.. *Aroër.* Je crois que la lacune de deux lettres doit être remplie par ‏ער‎. Nous avons alors ‏ערוער‎ = ‏ערער‎, ville moabite, située *au nord* de l'Arnon, et appartenant par conséquent au territoire de Ruben.

‏המסלת‎, *la voie*, indique surtout une voie construite avec un soin particulier et impliquant des travaux d'art.

‏בארנ)ן(‎, *à l'Arnon.* Il faut évidemment suppléer à la fin du mot le ‏ן‎ disparu. Ce fleuve séparait, comme nous avons essayé de le démontrer, la Moabitide en deux grandes régions. Il est difficile de savoir s'il s'agit d'une route longeant une des berges de ce fleuve qui est profondément encaissé, ou d'une voie perpendiculaire au fleuve et coupée par lui (peut-être un pont?). Une étude du terrain faite sur les lieux permettrait peut-être de résoudre la question.

Le rapprochement, dans le même verset, d'Aroër et de l'Arnon, n'est pas à négliger; on croit en effet qu'Aroër était situé tout près de cette rivière (*Deutér.*, 2, 36). C'est sur la rive septentrionale du Wady-Modjeb que Burckhardt retrouva une localité portant le nom d'*Ara'ir.*

Ligne 27. La restitution de ‏אנך‎ est indiquée. ‏בתבמת‎, *Beth Bamoth,* est probablement la même ville que celle que la Bible appelle : *Bamoth* ou *Baal Bamoth.*

‏כי הרס הא‎, *qu'il a détruite, lui.* Je ne suis pas sûr de la lecture ‏הא‎.

‏בצר‎. *Beser*, la *Bosor* de la Vulgate, ville moabite appartenant au territoire de Ruben et attribuée aux Lévites (ville sacerdotale avec droit d'asile). Il est plus que probable que ‏בצר‎ et ‏בצרה‎ sont la même ville (cf. ‏יחץ‎ = ‏יהצה‎), et que la Bosra de Jérémie n'a rien à voir avec la Bosra du Hauran.

‏כי עצ‎... *Qui* .... Le mot incomplet ...‏עצ‎ peut être, soit un autre nom donné à Bosra (cf. *Ephrata qui est Bethléhem*), soit un verbe qui s'y rapporte (cf. ci-dessus ‏כי הרס‎). Peut-être faut-il restituer ‏עצם‎ pour ‏עצום‎ et traduire : *qui est puissante* (?).

Ligne 28. ‏ש......: דיבן חמשן‎ Lacune considérable. Le mot *Dibon* appartient probablement à la phrase précédente. Je doute que ‏חמשן‎ = ‏חמשים‎ doive être rendu par *cinquante*; je préfère lire ‏חמשים‎, qui signifie *braves* et que la Vulgate traduit par *armati*. Il s'agirait d'une garnison, mise par Mesa à Dibon, pour contenir un pays qu'il venait seulement de réoccuper.

‏כי כל דיבן משמעת‎. *Afin que toute Dibon soit soumise.* ‏משמעת‎,

qui signifie proprement *obéissance*, est pris avec la valeur du participe collectif *obedientes* par Isaïe, 11, 14. Toute Dibon doit désigner non-seulement la ville de Dibon, mais les environs, le district. En Syrie, le nom d'une ville s'étend presque toujours, souvent dans un très-vaste rayon, aux localités voisines (cf. en arabe *el-Qouds*, *el-Khalîl, Ghazzé*, etc.)

אנך מל‏..... *Moi j'ai régné?...* Je suppose que מל doit être complété en ‏מל(כתי): ou bien peut-être y avait-il מלך suivi d'une épithète laudative : *moi, je suis un roi puissant ?*

Ligne 29. מאת בקרן. Le premier mot est-il l'équivalent de מאה, *cent*, ou est-il la fin d'un mot composé dans la lacune précédente, je ne saurais le dire ; בקרן équivaut, je crois, à בקירין, *avec les villes*. Dans la Bible, ce substantif a un pluriel à forme féminine קירות ; mais rien ne s'oppose à ce que l'on admette qu'en moabite il possède la forme de pluriel à laquelle il a droit par son genre.

אשר יספתי על הארץ, *que j'ai ajoutées à la terre*. Il est à constater que le moabite possède le relatif hébreu אשר et non la forme phénicienne אש.

ואנך בנ‏..... La lacune de la fin de cette ligne et du commencement de la suivante devait contenir la formule ואנך בנתי : *Et c'est moi qui ai construit*, suivi d'un nom de ville qui a disparu.

Ligne 30. ‏.......ובת דבלתן *et Beth Diblathaïm.* בית-דבלתים probablement la même que עלמן דבלתים, ville moabite, mentionnée par Jérémie (48, 22), et qui devait également être au nord de l'Arnon.

ובת בעל מען, *et Beth Baal Meon.* Nous avons ici, sous une forme plus complète, le nom de la ville mentionnée plus haut (lig. 9).

ואשא שם אתם‏.... , *et j'élevai là le.....* אשא, 1re pers. sing. de l'aor. de נשא. Ce verbe a une foule de sens; faute d'avoir la phrase complète, nous nous en tenons à l'acception la plus vague.

Ligne 31. ‏.......הארץ *la terre.*

וחורנן, *et Horonaïm*, = חורנים. Il est remarquable qu'ici c'est le moabite qui écrit le ו tandis que l'hébreu le supprime dans le nom de cette ville qui appartenait aux Moabites.

וישב בה ב...א, *il y résida avec ..... ?*

Ligne 32. ויאמר לי כמש... *Chamos me dit :*

6

- גד. Impératif soit de גדד, soit de גוד, qui ont tous deux le sens d'envahir. *Envahis !*

הלתחם בחור בן וא. *Combats à Horonaïm et...* Impératif de la huitième forme de לחם, suivi d'un autre verbe illisible.

Ligne 33. ...ה כמש בימי ועל*... Chamos dans mes jours* (de mon temps) *et sur....*

Ligne 34. .....שת......... *Année.....* Peut-être y avait-il dans cette dernière ligne la date de l'érection de la stèle, comptée par les années du règne de Mesa.

Nous avons déjà, en procédant pour ainsi dire de l'extérieur, essayé de déterminer la place exacte de notre texte; il nous reste maintenant à faire l'opération inverse, la contre-épreuve, c'est-à-dire à prendre notre texte même comme point de départ et à fixer, en les identifiant, les différents événements qui y sont mentionnés confusément et d'une façon assez laconique pour embarrasser.

D'abord il est plus que probable que nous n'avons pas affaire à une inscription funéraire, mais bien à une véritable proclamation, un bulletin de victoire du roi de Moab, délivré du joug du roi d'Israël. L'érection de cette stèle a dû avoir lieu lors de la construction du temple dont il est parlé dès le début (troisième ligne). Le temple lui-même a dû être élevé à Chamos par Mesa, reconnaissant de la victoire définitive qu'il avait obtenue sur les oppresseurs de Moab.

Mesa lui rend expressément grâce de la protection efficace qu'il n'a cessé de lui accorder contre ses ennemis (lig. 4). C'est à Dibon même, c'est-à-dire sur le sol de l'antique héritage de Chamos nouvellement reconquis, que Mesa avait élevé ce témoignage de sa victoire.

Mesa parle immédiatement ensuite de l'oppression séculaire que *le roi d'Israël* faisait peser sur Moab, et que son fils et successeur se promit de continuer (lig. 6). Quel peut être ce roi d'Israël et qui est son fils? On a supposé que c'étaient Omri et Achab : pourtant il semble que Mesa parle d'un temps assez éloigné, puisqu'il revient à son époque par la transition בימי, *mes jours.*

Plus loin vient la mention non équivoque des victoires d'Omri; malheureusement le passage est incomplet; peut-être y est-il question du siége de Thirsa et de la translation de la capitale à Samarie.

Son fils (vécut) quarante ans, dit Mesa (lig. 8). Ce fils ne peut être qu'Achab dont on connaît la fin tragique; je pense que Mesa fait allusion à cette mort violente, en la regardant comme un châtiment de Chamos (lig. 9).

Puis Mesa mentionne brusquement la *construction* faite par lui de deux villes, Baal Meon et Qiriathaïm, en plein territoire rubénite. Nous savons ce qu'il faut entendre par ce mot de *construction*.

Ensuite il est question d'une invasion de la tribu de Gad dans la terre de ... Les lacunes du texte, à cet endroit, ne permettent pas de déterminer au juste de quel fait il s'agit.

Le récit de la lutte soutenue à Qir (?) (lig. 11 et 12) est peut-être le même épisode que celui de Qir Hareset. Cependant, ici Mesa semble plutôt agir en assiégeant qu'en assiégé, à en juger par la mention du butin qu'il fait dans la ville prise (*ou* reprise?) par lui.

La ligne 14 indique une campagne de Mesa, dans laquelle le roi moabite prend manifestement l'offensive, sur l'ordre de Chamos. Cela s'adapterait à merveille à l'agression des Moabites alliés aux Ammonites contre Josaphat, roi de Juda, telle qu'elle est racontée au II⁰ livre des *Chroniques* (ch. xx), si la mention de la ville de Nebo ne localisait pas la lutte. La victoire de Mesa eut pour résultat la prise d'un riche butin et peut-être même la capture de vases consacrés à Jéhovah, qu'il profana devant la face de Chamos (lignes 17-18).

Ensuite Mesa parle de Jahas, ville rubénite située sur le bord septentrional de l'Arnon « où, dit-il, résidait (c'est-à-dire qu'occupait) le roi d'Israël, lors de *sa guerre avec moi* (lig. 19). Cette guerre doit être celle de Joram et de Josaphat; Mesa s'empara de Jahas par un hardi coup de main, avec deux cents hommes seulement (lig. 20).

Puis (lig. 21-28) vient la longue et pompeuse énumération des villes rubénites *construites* par Mesa, c'est-à-dire recouvrées par lui, *ajoutées à la terre* (lig. 29), et des travaux qu'il a fait exécuter (forteresses, routes, prisons, puits...). A la ligne 28, il raconte qu'il a mis garnison dans Dibon, pour contenir cette province nouvellement annexée.

Le reste de l'inscription ne présente plus que des tronçons de phrase sans suite, avec quelques nouveaux noms de villes; à la lig. 32, il est question d'une autre invasion de Mesa et d'un combat livré à Horonaïm. Enfin, à la lig. 34, on lit avec certitude le mot נש, *année;* je suppose que cette ligne, malheureusement bien difficile à reconstituer, donne la date de l'érection de la stèle, d'après les années du règne de Mesa. Il est bien regrettable que l'estampage soit presque illisible justement à l'endroit qui permettrait de calculer avec précision à quelle période du règne de Mesa appartient la stèle, et de savoir exactement quels sont les évènements auxquels l'inscription fait allusion.

Dans la note que M. de Vogüé a ajoutée à la petite brochure publiée par ses soins bienveillants et dans laquelle j'esquissais à grands traits l'histoire, la description et l'interprétation provisoire du texte, brochure que je reçois au moment où je transcris ces lignes, le savant auteur pense que la stèle a dû être érigée dès le début de l'insurrection de Mesa, pendant la deuxième année du règne d'Ochozias, c'est-à-dire avant l'expédition combinée de Joram et de Josaphat et avant la campagne offensive de Mesa contre ce dernier. J'adopterais volontiers cette théorie ingénieuse, qui s'était tout d'abord présentée à mon esprit et que j'avais écartée, si elle rendait compte de la teneur de l'inscription. Mais il paraît difficile d'abmettre qu'il ne s'agit que d'Ochozias dans les luttes racontées par Mesa; le faible Ochozias, au contraire, ne paraît pas avoir été en état ni avoir eu le temps, d'après le récit même de la Bible, de réduire son vassal révolté; c'est même vraisemblablement cette inaction qui a enhardi Mesa et assuré ses succès ultérieurs. D'ailleurs, Mesa parle au moins de trois guerres différentes (lig. 11 et seq. — lig. 14 — lig. 32). Il faut donc trouver des conflits correspondants, et il ne semble pas qu'il y en ait eu un seul sous le règne d'Ochozias. Je dois, d'autre part, reconnaître que l'identification de ces différentes collisions est bien difficile, et que les conjectures que j'ai proposées sur ce point sont loin de rendre compte de tout et prêtent le flanc à de graves objections. Le seul moyen de trancher cette question serait le déchiffrement de la ligne 34; en tous cas, il ne s'agit que d'une différence de quelques années, et ce léger nuage n'altère en rien l'authenticité et l'identité pour ainsi dire lumineuses de ce précieux document.

III

PALÉOGRAPHIE ET LINGUISTIQUE.

Si nous envisageons notre monument sous le rapport paléographique et linguistique, nous trouverons que son importance à ce point de vue ne le cède pas à sa valeur historique.

Nous possédons en effet maintenant un spécimen de l'alphabet
phénicien, ou plutôt chananéen, d'un âge exactement déterminé. Le
synchronisme matériel et certain que présente ce monument avec
l'histoire juive équivaut à une date. Mesa étant contemporain d'A-
chab, de Joram et de Josaphat, nous devons en conclure que notre
texte a au moins vingt-sept siècles d'existence. Cette date peut désormais servir de point fixe dans l'échelle chronologique de la paléo-
graphie sémitique *alphabétique*; c'est même, je crois, jusqu'à ce
jour, le point de départ de cette série ; il deviendra possible d'éva-
luer avec une approximation très-grande l'âge des autres monuments
similaires, en mesurant de combien ils se rapprochent ou s'éloignent
de la stèle de Dhiban.

L'aspect archaïque de nos caractères est d'ailleurs, toute autre
considération écartée, indiscutable, et ne se retrouve au même degré
dans aucun texte phénicien connu. *A priori* l'on voit que l'inscription du sarcophage d'Echmounazar, déjà classée par les inductions
historiques *au moins* deux siècles plus tard, est sûrement séparée
de notre texte par des différences graphiques représentant un pareil
écart.

Les seules inscriptions qui pourraient être comparées à celles-ci,
sont les quelques mots en caractères phéniciens gravés sur les poids
assyriens et qu'on fait généralement remonter vers 850 avant Jésus-
Christ (1). Ils offrent effectivement beaucoup d'analogie avec les
nôtres. Nous ferons notamment remarquer les rapports de certaines
lettres; par exemple : le כ angulaire avec la queue obliquant à gauche, le ח à deux barres parallèles, le ט avec la ligne brisée, le ם
composé d'une barre verticale traversant trois barres horizontales
équidistantes, le ק à tête ronde comme le ? latin, le ש angulaire, le
ח croisé. Par contre le ד diffère par l'absence, dans l'inscription de
Dhiban, du prolongement du côté droit, c'est le pur Δ grec; le ו
également; le כ est ici d'une forme bien caractérisée qui rappelle
tout à fait le Ν grec archaïque; le ל est bouclé à sa partie in-
férieure et sa tige est courbe, ce qui lui donne tout à fait l'apparence
du chiffre Ϭ. Une seule lettre ne s'est pas encore montrée dans notre
texte, c'est le ט.

---

(1) Madden, *History of Iewish Coinage*, Ch. Weights.

On me permettra encore de faire remarquer que cet alphabet est celui dont j'ai
donné, dans cette même *Revue* (1865), un tableau tiré de l'étude des pierres gravées;
je le considérais alors comme l'alphabet primitif des Hébreux, et l'événement vient
me donner raison. — M. V.

Les ressemblances avec l'alphabet grec archaïque sont tout aussi frappantes. On pourrait certainement multiplier les comparaisons et en tirer de fécondes conclusions, mais nous n'avons ni le temps ni les documents nécessaires pour le faire ici.

Il faut toutefois considérer combien, malgré ces légères variations, l'alphabet phénicien nous apparaît constant avec lui-même dans ses états successifs. Si environ neuf siècles avant Jésus-Christ nous le trouvons aussi définitivement arrêté, nous devons en inférer qu'il remonte à une époque excessivement reculée.

L'étude du texte de Dhiban apporte un nouveau témoignage de la diffusion générale de l'alphabet phénicien chez les peuples du bassin méditerranéen, et même de sa pénétration à une assez grande profondeur à l'intérieur. Plus on va et plus on est convaincu que le monde antique antérieur à l'ère chrétienne était arrivé à l'unité d'alphabet, de poids, de mesures et de monnaies, que les peuples modernes n'ont pas encore pu établir.

Un fait extrêmement intéressant qui nous est révélé par cette inscription, c'est que la division des mots et la séparation des phrases par des signes de ponctuation était pratiquée dès la plus haute antiquité. Déjà on avait dans certaines inscriptions grecques archaïques et dans quelques textes phéniciens des exemples de ce fait. Mais jamais, à ma connaissance du moins, on n'avait rencontré un système aussi absolu et aussi précis. Tous les mots, sans exception, sont séparés par des points, et le texte lui-même est coupé en véritables versets par des barres perpendiculaires. Le déchiffrement y trouve une sûreté toute particulière. Je pense qu'on en peut tirer cette induction, peut-être paradoxale au premier abord, que la séparation des mots est, à une certaine période de l'écriture alphabétique, un signe d'archaïsme. On comprend en effet, en y réfléchissant, qu'un peuple qui avait la notion de l'individualité des mots et qui commençait à appliquer au langage la transcription *alphabétique*, devait éprouver le besoin de bien distinguer ces mots. Ensuite, à cause de l'habitude acquise on put sans inconvénient, pour abréger le temps et ménager la place, supprimer ces marques séparatives et écrire tous les caractères à la suite. Ce n'est que beaucoup plus tard, et pour un autre motif que la raison primitive, que, les tendances analytiques s'étant affirmées dans les différentes langues, l'on éprouva de nouveau le besoin d'isoler les mots, comme on satisfaisait à celui de fragmenter les idées.

Je ne veux ni ne puis aborder aujourd'hui une question qui mériterait à elle seule une étude spéciale : celle de l'écriture hébraïque à l'époque de notre stèle. Je me bornerai à dire que je crois cette question à peu près tranchée, par l'inscription de Dhiban, dans ce sens : l'alphabet hébreu de cette époque devait ressembler tout à fait à l'alphabet moabite.

Au point de vue linguistique, nous possédons aujourd'hui une grande page d'une langue auparavant inconnue : le moabite. Le domaine du sémitisme s'est ainsi annexé un nouveau terrain, jusqu'ici inaccessible.

On avait déjà, en s'appuyant sur les relations ethniques qui rattachent étroitement les Hébreux aux Moabites, soupçonné que la langue de ces derniers devait se rapprocher sensiblement de celle des Hébreux. L'étude de la stèle de Dhiban confirme pleinement ces sagaces conjectures et révèle expérimentalement la finesse des méthodes usitées dans la science philologique.

On peut en effet dire que notre inscription est de l'hébreu pur, avec quelques particularités constitutives qui en font la personnalité.

Examinons-la rapidement sous le triple rapport de l'orthographe, de la grammaire et du lexique.

Nous rencontrons d'abord une tendance systématique à écrire les mots *defective*, c'est-à-dire en omettant non-seulement, d'après une loi absolue inhérente au sémitisme, les voyelles *brèves*, mais en supprimant même les voyelles *longues* ou *quiescentes médiales*, qui dans l'hébreu biblique seraient représentées graphiquement. Ce fait déjà reconnu dans le phénicien avait été considéré comme un caractère propre de cette langue et aidant précisément à la distinguer de l'hébreu, avec lequel elle se confondrait presque sans cela. Or nous trouvons ce même fait dans un idiome parfaitement distinct du phénicien et plus voisin que lui encore de l'hébreu. On peut donc légitimement admettre que cette habitude appartient au mode même et surtout à l'âge de l'écriture, et n'est point l'apanage exclusif du phénicien; c'est-à-dire que, vraisemblablement, les langues sémitiques en général, y *compris l'hébreu*, s'écrivaient *defective*, à une *certaine époque*. On pourrait en conséquence formuler cette conclusion : l'hébreu contemporain de notre texte moabite devait être orthographié comme lui.

Il y a effectivement dans les langues sémitiques une loi générale et permanente, c'est que la multiplicité des voyelles représentées graphiquement indique une époque proportionnellement plus basse.

Or deux langues sémitiques, le phénicien et le moabite, étroitement apparentées à l'hébreu, nous offrent, dans les monuments authentiques que nous en possédons, l'orthographe *défective*. Cet accord n'est-il pas frappant, et n'est-on pas en droit d'en inférer que les textes bibliques contemporains obéissaient à la même règle? Je ne suis pas à même de produire maintenant à l'appui de cette théorie des présomptions empruntées directement à l'observation même des textes bibliques actuels, mais je sais qu'il en existe. L'introduction multipliée des voyelles longues médiales dans l'hébreu serait dès lors le résultat ultérieur des transcriptions successives qui ont amené le texte jusqu'à nous.

Voici quelques exemples de cette orthographe : מֹשֵׁע pour מֵישַׁע, כמש pour כמוש, מֹאָב pour מוֹאָב, רֹשׁ pour רֹאשׁ; dans les terminaisons plurielles le י est supprimé : צֹהֹרֹם, ארבען, etc.

D'ailleurs cette règle souffre quelques exceptions : בֵית à côté de בֹת et de לֵלֹה, יֹשׂרֹאל, etc.

Nous avons même l'orthographe *plene* dans un nom de ville que la Bible écrit *defective* : חֹרֹנֹם = חורנן.

Si nous passons à l'examen grammatical, nous constaterons une identité presque complète avec l'hébreu. Le pronom de la première personne est אֹנֹך comme en phénicien et en assyrien; c'est le אֹנֹכֹי des parties antiques de la Bible; nous le retrouvons comme suffixe verbal sous la forme tout à fait hébraïque de נֹי, et comme suffixe nominal sous celle de י. Le pronom de la deuxième personne ne se rencontre pas; celui de la troisième personne au masculin est הֹא, *defective* pour הֹוא : il apparaît comme suffixe nominal et verbal sous la forme invariable de ה. Nous avons enfin un exemple du pronom suffixe de la troisième personne du pluriel masculin à la ligne 18 : הֹם.....

Nous avons l'article ה, le pronom démonstratif féminin singulier זֹאת, le pronom relatif אֹשׁר, exactement comme en hébreu.

Le verbe, dans ce que nous en connaissons, se conjugue comme en hébreu. Au parfait, la première personne du singulier est caractérisée par la terminaison תֹי; la troisième au masculin est le radical pur. A l'aoriste nous rencontrons la préformante א pour la première personne du singulier et י pour la troisième masculin singulier. Nous avons un impératif à la deuxième personne du pluriel, עֹשׁו, et plusieurs autres au singulier.

Il est difficile d'apercevoir les formes qui ne se révèlent pas par une modification ou une addition de consonnes : nous avons plusieurs *Hiphil* : הירא, הושע, etc.; peut-être un *Hithpaël* dans יראנף, et enfin une huitième forme inconnue à l'hébreu et qui apparente le moabite à l'arabe (אלתחם = الْتَحَمَ).

On retrouve les mêmes phénomènes d'aphérèse qu'en hébreu pour les verbes פן, פי, פל, (לקח), d'apocope pour les aoristes des *verbes faibles* précédés du *vau* conversif; d'assimilation, par le *daguech*, de deux lettres identiques venant à se trouver en contact (כרתי pour כרתתי), etc...

Les noms offrent les mêmes types qu'en hébreu pour les primitifs et les dérivés verbaux (avec la préformante מ). Nous avons le nom verbal de la huitième forme : הלתחם = الْتِحَام. Le pluriel et le duel se forment par l'addition de la syllabe ן *defective* pour ין, terminaison antique qu'on retrouve dans les vieilles parties de la Bible, ainsi qu'en arabe et en araméen, et qui correspond à l'hébreu ים. Cependant nous avons certainement צהרם et non צהרן, et peut-être d'autres cas que le mauvais état de l'inscription ne permet pas de désigner avec certitude, le ן et le ם se confondant facilement.

L'état construit existe également; dans les pluriels il se reconnaît à la chute du ן qui détermine l'apparition du י latent (שעריה); il se combine comme en hébreu avec l'article ה préposé au mot suivant (הבמת יאת). Nous avons comme noms de nombre שבעת en construction avec אלפן, au pluriel, conformément à la règle, et la numération par dizaines : שלשן, ארבען, חמשן.

Nous voyons la particule את jouer le même rôle qu'en hébreu pour la détermination du régime direct. Les adverbes, prépositions et conjonctions qui apparaissent se comportent tout à fait comme en hébreu.

Les lois syntactiques sont absolument les mêmes qu'en hébreu.

Sous le rapport lexicographique, nous n'avons à constater que la plus entière similitude avec l'hébreu, à part quelques mots embarrassants, קרחה et quelques autres dont la lecture même est douteuse; non-seulement les racines sont les mêmes, mais les acceptions des dérivés et les formes sont identiques.

Ce rapide coup d'œil jeté sur l'organisme de la langue moabite suffit pour nous autoriser à la considérer comme de l'hébreu véritable, inclinant légèrement vers les dialectes arabes et araméens

(huitième forme, pluriels en י, forme invariable du suffixe de la troisième personne au masculin singulier ח, etc...)

Nous nous résumerons dans cette conclusion générale : cette page moabite avec son alphabet, sa ponctuation, son orthographe, ses lois phonétiques, son mécanisme grammatical, sa syntaxe et son vocabulaire, est assurément ce qui peut aujourd'hui nous donner l'idée la plus exacte de l'aspect d'une page biblique de la même époque.

ADDITIONS ET CORRECTIONS.

Jérusalem, 8 mai 1870.

On trouvera dans ces notes, entre autres rectifications, quelques nouvelles lectures, dont une capitale, puisqu'elle fournit le nom véritable du père de Mesa : *Chamosgad.* J'examine, chemin faisant, plusieurs idées, dont quelques unes excellentes, émises par M. Schlottmann dans l'intéressant travail qu'il a bien voulu m'envoyer : *Die Siegessaüle Mesa's u. s. w., Halle,* 1870. Je regrette seulement que ce savant n'ait pas connu mes lectures ultérieures, qui lui auraient épargné plusieurs hypothèses matériellement impossibles.

Ligne 1. Le nom du père de Mesa avait jusqu'ici résisté à mes efforts pour le déchiffrer sur mon grand estampage ; le fragment du bloc que je possède èst malheureusement brisé juste au ש de כמש ; j'avais provisoirement proposé la restitution *Chamosnadab.* De nouvelles observations m'ont à peu près convaincu qu'il faut lire כמשגד ; le ד et le point final sont pour ainsi dire certains ; quant au ג, il n'en reste que des traces inappréciables. Nous avons donc comme patronymique *Chamosgad*, formé par la composition du nom du dieu national moabite avec le mot גד, *fortuna* ; גד ne saurait guère avoir ici qu'une valeur nominale et non verbale ; l'expression pourrait être considérée comme signifiant : *celui dont Chamos est la fortune.* Ce nom offre un frappant rapport avec celui déchiffré par M. de Vogüé sur une intaille, très-heureusement reconnue par lui comme ammonite (*Mél. d'archéol. orient.*, p. 139) : למנהמת אשת גדמלך, *à Menahmëh, femme de Gadmolech.* Il existe trop d'analogies entre le Chamos moabite et le Molech ammonite pour que nous n'attachions pas une importance toute particulière à ce rapprochement. Le déplacement de גד dans ces deux noms démontre que גד n'est ici qu'un

simple substantif (Cf. de Vogüé, *op. cit.*, *app.* p. 38 : צדית et יתנצר),
tandis que l'élément auquel il est combiné est toujours un nom
divin. Ce fait tendrait à faire supposer que, dans le nom de lieu
בער גד, Baal est bien le nom divin ; ces coïncidences remar-
quables גדמלך, כמשגד, בעל גד, paraissent donner rai son à ceux
qui, comme saint Jérôme, identifient Chamos et Molech avec le
Baal phénicien Il ne faut pas négliger non plus le rapport peut-être
intentionnel qu'il y a entre le mot Gad et le nom de la tribu de
Gad qui, d'après notre inscription même, occupait le territoire
incessamment revendiqué par les Moabites et les Ammonites.

Lignes 2 et 3. Lacune finale et initiale. — Deux hypothèses ont été
émises pour combler cette lacune. D'une part M. Schlottmann propose [בן]יבני, *fils de Yabni* ; d'autre part MM. Nœldeke et Oppert,
comme M. de Vogüé m'en a informé par une lettre particulière, sont
d'accord pour lire [הד]יבני, *le Dibonite*. Cette dernière conjecture me paraît excellente de tout point ; elle est d'ailleurs tout à fait
justifiée par mes nouvelles observations sur le grand estampage :
après מאב se distingue une haste verticale qui peut parfaitement
appartenir à un ד, puis les traces assez apparentes d'un י. Il est du
plus haut intérêt pour nous de savoir que Mesa était né soit à Dibon,
soit dans toute autre ville du territoire dibonien ; on s'explique alors
l'existence de notre monument dans la ville natale du roi de Moab.
Il faut conclure de ce fait, confirmé par l'absence de Dibon du nombre des villes conquises par le roi de Moab, que déjà le père de Mesa
avait réoccupé Dibon de gré ou de force.

Ligne 3. *Qorha.* — Si notre monument n'a pas été déplacé, ce qui
est infiniment probable, il est de toute évidence que l'endroit où il a
été trouvé n'est autre chose que la *Qarha* de l'inscription, d'après la
teneur même de cette inscription : *j'ai fait ce hamat pour Chamos, à
Qarha.* Or cet endroit ce sont les ruines appelées encore aujourd'hui
par les Bédouins Dhîbân, c'est-à-dire Dibon. Il y a là une contradic-
tion embarrassante, et cette obscurité est encore accrue par le silence
absolu des textes anciens au sujet d'une ville qui se serait appelée
Qarha. M. Schlottmann suppose que Dibon portait, comme cela
arrive quelquefois, deux noms différents. Cette explication ne rend
pas compte de toutes les difficultés. J'ai déjà rejeté l'identification de
Qarha avec le Kerak (كرك) actuel, et relevé l'allusion moqueuse
d'Isaïe et de Jérémie קרחה, *calvitie*, en signalant le rapprochement de קרחה et השאתה. Je pensais dès le début que *Qarha*

désignait une hauteur au sommet aplani, rasé, une espèce de plate-
forme destinée à recevoir le *Bamat*; je crois devoir maintenir cette
explication en la développant. Je suis d'avis que la *Qarha* était une
éminence située au centre ou près de Dibon, et représentant l'*acro-
pole* qu'on retrouve dans toutes les villes antiques, qui se subdivisent
en ville haute et en ville basse ; d'où les formes de duel ou de pluriel que l'on retrouve dans beaucoup de noms de villes (1) (ירושלים,
Ἀθῆναι, Θῆβαι, עטרות, קריתים, קרית), et qui impliquent toujours l'idée d'une agglomération de deux ou plusieurs cités. A Jérusalem, par exemple, tel était le cas: *Sion* (ציון, cf. صهيون et صهيون
= צ.גר) portait la ville de David et désignait souvent Jérusalem entière, quoiqu'il en fût partie intégrante mais parfaitement distincte.
(Cf. Jos. B. J. L. 5, ch. 4 : ἄνω πόλιν... φρούριον Δαβίδου... ἄνω
ἀγρρά et τὴν κάτω πόλιν, c'est-à-dire Ἄκρα (2).) Pour moi, *Qarha*, à la
fois montagne et ville, est le Sion de Dibon, de la Jérusalem moabite;
c'est la ville de Mesa contenant le temple de Chamos et la citadelle.
Je ne saurais mieux faire comprendre ma pensée qu'en assimilant
Dibon à Rome, la *Qarha* au *Capitole* (*Caput*), et le Bamat de Chamos
au temple de Jupiter Capitolin. On s'explique dès lors pourquoi le
roi moabite s'appesantit si complaisamment sur les constructions et
fortifications faites par lui dans sa ville ou, pour mieux dire, dans sa
cité, « close de murs, couronnée d'une forteresse (l. 21 et 22), munie
de prisons (?) et de citernes. » C'est dans la *Qarha* que Mesa, comme
David à Sion, établit sa résidence et construit son palais (M. Schlottmann a très bien vu qu'il s'agissait de la *maison du roi* dans בתמלך
(l. 23) que j'avais d'abord pris pour un nom de ville). Il est aisé
maintenant de se rendre compte de la valeur réelle de l'expression
בקרב הקר בקרחה (l. 24), *dans l'intérieur de la ville, à Qarha*; il y a
une évidente distinction entre קר *la ville* (de Dibon) et *Qarha*, qui cependant paraît être située au centre. Une étude attentive des lieux
permettrait, je n'en doute pas, de résoudre définitivement cette importante question. En attendant, je crois devoir faire remarquer que
notre stèle a été en effet trouvée, d'après les rapports de mes envoyés, au pied d'un monticule environné de ruines, s'étendant dans
un vaste rayon.

(1) Je ne serais même pas éloigné de voir dans הירבן un ancien pluriel ou duel,
avec le ן caractéristique de ces formes, ן dont nous avons constaté l'existence en
moabite. Cette dualité ou pluralité confirmerait l'explication que nous proposons de
Qarha.

(2) Ἄκρα = הקרה = جفر, *la hasse*.

Ligne 3. J'adopte volontiers l'heureuse restitution de M. Schlottmann pour la lacune finale : במת, le *Bamat (de Mesa)*.

Ligne 4. La restitution du même savant מלתחמם doit être naturellement rejetée, puisque mon estampage donne השלכן. Pour
abréger, je prends le parti de ne pas même discuter les différentes
hypothèses qui sont matériellement condamnées par mes lectures
ultérieures déjà publiées; je ne mentionnerai que celles que j'ac-
cepte ou repousse et pour lesquelles mes matériaux ne me fournis-
sent aucune donnée.

Lignes 5 et 6. M. Schlottmann donne au כי un sens causatif,
parce que Chamos s'était irrité, et il est conduit à combler la lacune
finale par ב]ח ובא[רצח, en appliquant à Moab la colère de Chamos.
Il n'y a pas l'espace nécessaire pour loger ces cinq lettres, tout au
plus y a-t-il place pour un caractère ou deux. On pourrait à la rigueur lire tout simplement ב]אר[צה; après le ב, je distingue sur
mon estampage les traces d'une lettre qui peut aussi bien être א que
ר; dans ce dernier cas, on pourrait lire ב]ר[צח (de רוץ, *hostiliter
irruere*) (1).

Ligne 6. *Lacune finale*. La restitution כמש de M. Schlottmann
est très-plausible. Quant à son interprétation de la phrase même,
j'ai peine à l'admettre; je crois toujours que cette phrase, même
dans la bouche de Chamos, est une menace et naturellement une
menace contre le roi d'Israël (cf. l. 2, הראני בכל שנאי).

Ligne 7. La phrase : *et Israël fut ruiné d'une ruine éternelle*, ne
me paraît pas pouvoir être rattachée, comme le veut M. Schlottmann,
à une prophétie mise dans la bouche de Chamos. Il ne faut pas ou-
blier que d'un côté cette phrase est séparée par une barre verticale
de וארא בה ובבתח, et d'autre part rattachée à וירש עמרי; elle doit
donc, comme cette dernière, n'avoir qu'une valeur purement nar-
rative

Lignes 7 et 8. Au lieu de קר]מהדבא proposé par M. Schlott-

____

(1) La traduction : *de sorte que Chamos s'irrita de ses agressions*, a l'avantage
de continuer la narration en y introduisant la mention d'un événement nécessaire à
la suite des faits : 1° Omri opprime Moab; 2° Chamos s'irrite contre Omri (qui
meurt frappé par le courroux du dieu) ; 3° Omri étant mort, son fils Achab lui succède
(ויחלפה בנה) et il se promet d'imiter son père dans sa tyrannie contre Moab. Enfin
à la ligne 8, nous aurions la mention de la mort du fils d'Omri (peut-être faut-il
lire ימי בנה ארבען שת]ויתאנף[בה כמש כישי).

mann, je lirai [אר]ץ. Le ץ est encore visible au commencement de
la 8ᵐᵉ ligne. Quant à אר, je crois en avoir constaté des traces sur
l'estampage. Il est à noter que מה,דבא est distinctement écrit en
deux mots avec un point disjonctif après le ה, ce qui prouve qu'à
cette époque on avait encore notion de l'origine binaire de ce nom ;
nous avons ainsi la série complète des trois désinences du mot
מו, *aqua* : מו+אב, מי+דבא, מה+דבא. Je crois que ce ה, de
même que dans נבה, sert d'appui à la voyelle *a* et non, comme le
veut M. Schlottmann, au son *o :* les Moabites devaient prononcer,
comme le font encore aujourd'hui les Bédouins leurs descendants,
Mâdebâ, Nebâ, ainsi que je l'ai déjà fait remarquer. Mesa emploie
deux expressions différentes pour désigner la conquête d'un territoire (ירש...את ארץ מה.דבא) et la prise d'une ville (l. 11 :
קר....אחזה). Ce n'était pas seulement la ville, mais toute la région
de Madeba, dont s'était emparé et qu'avait occupée Omri (ישב).

Lignes 8 et 9. Je ne puis encore combler la grande lacune mé-
diale. La phrase בה כמש בימי peut toujours être expliquée comme
je l'avais fait tout d'abord, par : *et Chamos y* (est) *de mes jours*, ou
bien : *et j'y* (*ai établi*) *Chamos*, etc., c'est-à-dire dans la terre de
Madeba.

Ligne 9. Après ואשע בה, il faut lire האשוח : *et j'y fis le fossé.*
אשוח dérive probablement de שוח ; quelle est cette forme grammaticale? cet aleph indiquerait-il une espèce de pluriel أفعال ?

Ligne 10. La conjecture de M. Schlottmann ישב est excellente et
est confirmée par mon estampage. Mais cette phrase : *Et les hommes
de Gad habitaient en la terre de...* me paraît devoir être entièrement
détachée de ce qui précède; il s'agit d'une campagne ayant pour
objectif une autre région que Madeba, à laquelle appartiennent vraisemblablement Baal Meon et Qiriathaïm (l'inscription est sur ce
point d'accord avec la carte). Mais quelle est cette contrée dont le
nom est demeuré jusqu'ici illisible? A coup sûr ce n'est pas Qiriathaïm, comme le pense M. Schlottmann. J'ai lu à la ligne 11 le nom
Ataroth, faisant partie du même verset; il est clair que la contrée en
question devait comprendre Ataroth. Peut-être même faut-il tout
simplement lire בארץ עטרת, *dans la terre d'Ataroth*; le ת final est
donné par mon estampage et un morceau de la pierre.

Ligne 11. Le mot קר = קיר me paraît devoir être considéré
tout le long de l'inscription comme un simple substantif signifiant

ville, ce qui entraîne, d'après le dilemme posé dans mon commentaire sur la ligne 24, la valeur de קרחה comme nom propre, et
tranche la question soulevée par là ligne 2. Il est remarquable, en
effet, que partout קר est associé à un nom de ville : l. 11, « le roi d'Israël se construisit *Ataroth*; je combattis avec la *ville* (l'assiégeai) et la
pris »; l. 12, קר est encore répété avec le sens de *ville* (j'égorgeai les
.... de la ville); l. 23-24 : « dans l'intérieur de la ville »;
après la mention du palais; l. 24 : « dans l'intérieur de la ville,
à Qàrha »; l. 29 : בקרן, avec les *villes*.

Lignes 11, 12, 13. Un de mes fragments me fournit le commencement certain de ces trois lignes (1). Pour la ligne 11, la restitution
ישראל était indiquée, elle est confirmée. Pour la ligne 12, la leçon
הקר est précieuse, parce qu'elle nous guide pour la restitution de
la lacune finale de la ligne précédente; vérification faite sur mon
grand estampage, la lettre suivant בל que j'ai prise pour un ך semble plutôt être un ג; il nous reste deux lettres à trouver : je propose גוי, *le peuple de la ville*, la *civitas*. Tous les habitants
d'Ataroth furent donc massacrés en holocauste à Chamos et à Moab;
les Israélites agissaient exactement de même au nom de Jehovah
dans les villes prises de vive force. et Mesa ne faisait qu'exercer des
représailles. A en juger par la résistance que cette ville opposa à
Mesa, et par le sort cruel qu'elle subit, il est à présumer qu'elle
était pour les Israélites un centre religieux et militaire de grande
importance.

Enfin le commencement de la ligne 13 nous permet également
de combler une importante lacune; les lettres חבה appartiennent
évidemment au mot סחב que nous avons déjà déchiffré à la ligne 18;
il faut donc à la fin de la ligne 12, après אן (distincts), restituer un
ס; nous traduirons : *et je l'ai traîné devant la face de Chamos à Qé-
rioth*. Il s'agit évidemment, ici comme plus bas, d'un objet apparté-
nant au culte israélite, profané et détruit dans le sanctuaire moabite
de Qerioth, que les dernières recherches scientifiques, comme je
l'apprends par la dissertation de M. Schlottmann, ont identifié avec
l'antique Ar Moab. Le point disjonctif qui isole le ה de son verbe
est bien remarquable (cf. הב l. 18); il nous prouve qu'à cette époque
les Moabites se rendaient parfaitement compte de certains méca-
nismes grammaticaux (cf. את *passim* ; מה הבא, etc.).

(1)   שר......

         הקר.....

         חבה.....

Ligne 13. Je suis encore perplexe sur le sens à attribuer à ואשב. M. Schlottmann pense au Hiphil de ישב; la présence de la préposition ב semble lui donner raison (plus haut nous avons ואשב משם de שבה), le contexte également; car il est naturel que Mésa, après avoir massacré la population d'Ataroth, repeuple la ville avec des Moabites. M. Schlottmann veut voir dans מהרת (l. 14) et dans la lacune finale de la ligne 13 (lue ultérieurement par moi שרן) des noms des familles moabites. Il se pourrait que ce que j'ai pris pour ר fût un פ (toutefois je crois avoir bien lu, car la haste est parfaitement verticale et ne présente pas l'inclinaison habituelle du פ); nous aurions alors שפן (= שופן), *Chofen*, au lieu de שרן (= שריק) (cf. עטרות שופן, Nombres, 32,35). Quant à מהרת, on pourrait peut-être songer au fameux Μαχαιροῦς de Joseph ?

Ligne 14. Lacune finale. La restitution de M. Schlottmann [והלכתי] n'est pas possible; il n'y a en réalité place que pour une lettre ou deux au plus (א ou וא), ce qui appelle la restitution [ואהלך].

Ligne 15. [זו את ה] est également trop long; la ligne est complète avec וא, car les deux lettres initiales de la ligne 16 sont ואחזה = חזה. M. Schlottmann a été induit en erreur par l'esquisse indiquant à tort une lacune assez considérable.

Lignes 16 et 17. J'ai déchiffré plusieurs mots nouveaux dans ces deux lignes, précédant כמש החרם כי לעשתר; je crois y lire entre autres גברת et רחמת, *dominas* et *puellas*, *les femmes et les jeunes filles*. Ces lectures partielles me feraient supposer qu'il faut considérer החרם comme un infinitif hiphil החרים suivi d'un mot signifiant *femmes*, précédés de l'article, peut-être האשת ou le terme brutal הנקבת? Il faudrait traduire dans ce cas : *Car à Astar Chamos appartient la consécration des femmes;* Mésa aurait sacrifié les hommes à Chamos et les femmes à Astar Chamos; il n'y aurait désormais plus de doute, par suite de cette attribution caractéristique, sur le sexe de la divinité Astar Chamos.

Ligne 18. Jehovah. La présence du nom du dieu national des Israélites avec l'orthographe même de la Bible, nous paraît prouver péremptoirement qu'à l'époque de Mésa le tétragramme sacré se prononçait comme un mot ordinaire, et que ce n'est que plus tard, beaucoup plus tard, je pense, qu'apparut la réticence mystique dont il est l'objet. Il est clair que le Yahveh hébreu était tout aussi connu des Moabites et autres peuples voisins que Chamos, Molech, Baal l'étaient des Israélites. Où Mésa aurait-il appris l'existence de Yahveh s'il ne l'avait entendu nommer? Si à cette époque la substitution d'Adonaï à יהוה eût été pratiquée, l'inscription moabite eût sûrement *écrit* אדני, à moins d'admettre, ce qui paraît bien peu vraisemblable, que le lapicide avait un texte hébreu sous les yeux et qu'il copiait un mot dont il ignorait la prononciation, ou bien qu'il se conformait aux prescriptions d'un culte qui ne devait pas être le sien.

Ligne 20. Je conserve des doutes sur la dérivation אשאה de שאה, admise par M. Schlottmann, et maintiendrai jusqu'à plus ample informé mon interprétation primitive: *et je les fis monter à Yahas, et je la pris.*

Ligne 23. ואאך בנתי בתמלך. Je traduirai avec M. Schlottmann : *et c'est moi qui ait construit la maison du roi*, en rattachant cette construction avec différents travaux exécutés par Mesa à Qarha.

Lignes 24 et 25. La restitution de M. Schlottmann [ל] כם est confirmée par mon nouvel examen de la pierre, au moins pour les deux dernières lettres; j'adopte sa traduction : *pour vous.*

Ligne 25. La question de כרתי המכרתת est encore obscure; M. Schlottmann, tout en donnant à l'expression un autre sens, défend la dérivation כרת, à laquelle j'ai renoncé depuis pour celle de כרה suggérée par M. Deutsch; devant une autorité comme celle de M. Schlottmann, mes premiers doutes me sont revenus; cette question ne pourra guère être définitivement tranchée que par la lecture du mot renfermé dans la lacune finale et suivi de Israël, mot qui est encore à trouver.

Ligne 28. *Dibon.* Je crois devoir signaler un fait qui peut rendre compte de la persistance du י dans ce nom; on l'écrit aujourd'hui en arabe ذيبان et les Bédouins prononcent *Dhîbán*, avec les deux voyelles également longues, mais la *première* très-sensiblement accentuée.

Ligne 29. את בקרן. J'ai peine à voir dans ce mot un nom de ville comme le voudrait M. Schlottmann; את me paraît être la fin d'un mot précédent; j'ai cru distinguer *sur la pierre*, immédiatement avant, les restes d'un צ sans trace du point final. Nous aurions alors מאת בקרן. Si l'on admet la restitution מל[את]י à la fin de 'la ligne 28, ne pourrait-on pas supposer une phrase : *Et j'ai atteint* (rempli) (le nombre) *cent (?) avec les villes que j'ai ajoutées à la terre?* Quant à cette dernière restitution elle semble indiquée par un fragment aujourd'hui possédé par le cap. Warren. Ce fragment donne le commencement de deux lignes car il porte encore l'encadrement de droite, et ne s'applique à aucune des 27 lignes précédentes.

Ligne 32. Il faut lire רד au lieu de גד, vérification faite sur mon estampage. C'est très-probablement l'impératif de ירד : *descends!* Cet expression est à noter pour déterminer la position de Horonaïm qui, d'après un passage de Jérémie (48,5), devait être située sur une déclivité. Le mouvement vers le sud admis par M. Schlottmann peut être confirmé par cette nouvelle lecture.

10 mai 1870.

P. S. — Je viens de recevoir, de M. Nœldeke, une autre brochure sur la pierre de Dhiban : *Die Inschrift der Kœnigs Mesa von Moab, u. s. w.*, *Kiel*, 1870. Je n'ai que le temps de la parcourir, en m'attachant surtout aux principales restitutions proposées par le savant auteur; je suis heureux de constater que nous nous sommes rencontrés sur plusieurs points importants.

Ligne 2. La lecture הדיבני a été justifiée par l'estampage.

Ligne 3. M. Nœldeke admet aussi que Qarha est un quartier de Dibon; il pencherait plutôt à y voir la partie plate et basse de la la ville; je crois que cette configuration topographique serait difficile à concilier avec l'érection du Bamat, qui devait être sur une hauteur, les fortifications élevées par Mésa qui n'aurait pas choisi un point si peu stratégique, et l'étymologie même du nom. — M. Nœldeke propose, comme M. Schlottmann, la restitution במת ישע; le jeu de mots que j'ai signalé, sur la racine ישע, d'où dérive le nom de Mésa, n'en reste pas moint intact.

Ligne 4. Le mot השלכן, malgré les difficultés de l'interprétation, me -paraît devoir être maintenu d'après l'estampage et la pierre, où il m'est impossible de lire soit הבלבן, soit, comme le propose M. Lévy, השללן; mais je crois qu'on pourrait très-légitimement appliquer à השלכן la même forme grammaticale et le considérer comme un nom d'agent : *de tous ceux qui frappent, tous les agresseurs* ; le parallélisme avec שנאי est ainsi rétabli. — קם devant עמרי n'existe pas.

Ligne 5. La restitution ב[אר]צה est, comme je l'ai montré plus haut, la plus probable parmi celles que propose M. Nœldeke.

Ligne 7. La traduction de בתה par *famille* conviendrait parfaitement, surtout si la phrase est dirigée, comme je le crois, contre Achab.

Ligne. 20. M. Nœldeke traduit comme moi אשבה : *und führte (ich) sie nach Yahaz hinauf.*

Ligne 24. L'explication de מכרתת par *fossés* me semble assez satisfaisante. — La remarque que ces travaux de défense étaient entrepris en prévision d'un siége est ingénieuse ; elle pourrait peut-être servir à rendre compte de la présence si inattendue du mot *Israël* à la fin de cette phrase (l. 25).

Ligne 29. M. Nœldeke ne craint pas de prendre בקרן pour un pluriel de בקר, ce que je n'avais osé faire ; cette traduction ne me paraît pas à l'abri de toute critique ; la pierre porte distinctement יספתי (cf. לספת l. 21) et non אספתי.

J'espère avoir prochainement occasion de revenir sur cet intéressant travail.

Paris. — Imprimerie Pillet fils aîné, 5 rue des Grands-Augustins.

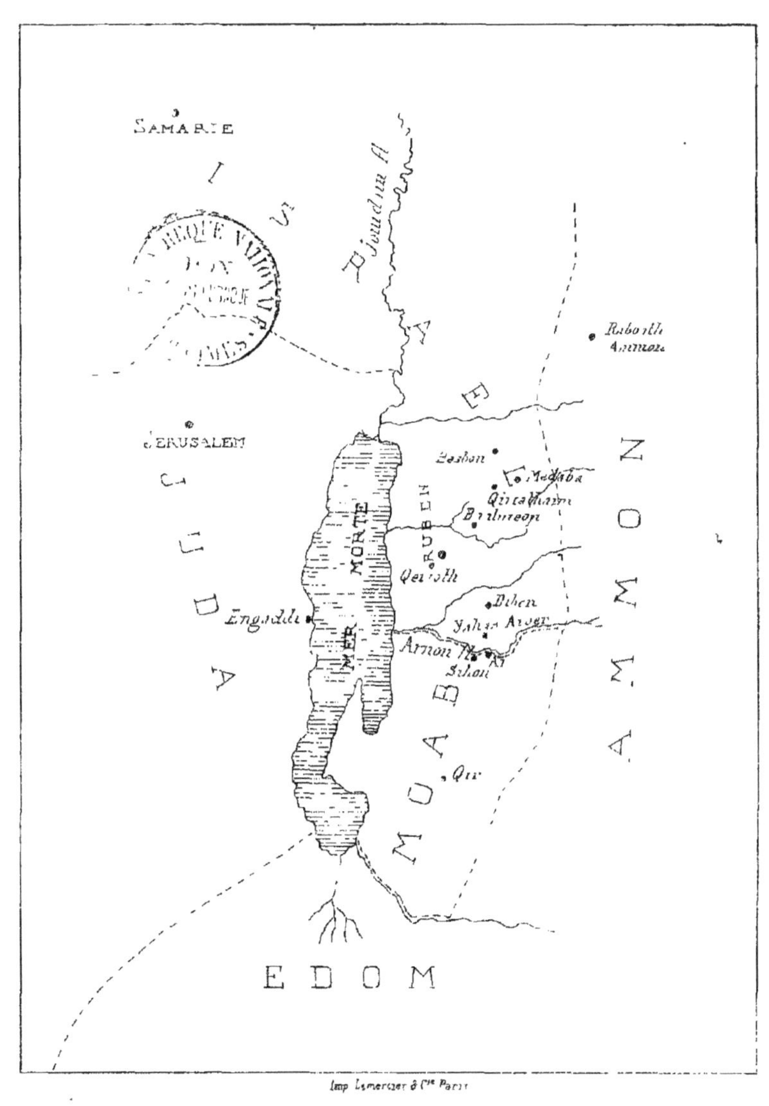

CARTE

POUR L'INTELLIGENCE DES CAMPAGNES DE

MESA ROI DE MOAB